KB181565

선택이라는 이데올로기

The Tyranny of Choice

선택이라는 이데올로기

1판 1쇄. 2014년 9월 22일
1판 4쇄. 2021년 6월 1일
지은이. 레나타 살레츨
옮긴이. 박광호

펴낸이. 정민용
편집장. 안중철
책임편집. 이진실
편집. 윤상훈, 최미정, 강소영

펴낸 곳. 후마니타스(주)
등록. 2002년 2월 19일 제2002-000481호
주소. 서울 마포구 신촌로14안길 17, 2층(04057)

편집. 02-739-9929, 9930
제작·영업. 02-722-9960
팩스. 0505-333-9960
블로그. blog.naver.com/humabook
페이스북·인스타그램/Humanitasbook

인쇄. 천일인쇄 031-955-8083
제본. 일진제책 031-908-1407

값 16,000원

ISBN 978-89-6437-214-2 03300

이 도서의 국립중앙도서관
출판시도서목록(CIP)은 e-CIP
홈페이지(http://www.nl.go.kr/ecip)에서
이용하실 수 있습니다(CIP제어번호:
CIP2014025878).

The Tyranny of Choice

레나타 살레츨 지음
박광호 옮김

선택이라는 이데올로기

후마니타스

차례

일러두기

1. 한글 전용을 원칙으로 했다. 고유명사의 우리말 표기는 국립국어원의 외래어 표기법을 따랐다. 그러나 관행적으로 굳어진 표기는 그대로 사용했으며, 필요한 경우 한자나 원어를 병기했다.

2. 각주와 본문의 대괄호는 옮긴이의 첨언이다.

3. 지은이가 인용한 문헌들 가운데 국역본이 존재하는 경우 원문과 대조해 번역했으며, 해당 번역본의 서지 사항을 미주나 본문의 대괄호 안에 병기했다. 인용된 도서의 제목 표기는 가급적 국역본의 제목을 따랐으나 필요에 따라 원제에 충실한 제목으로 표기하고 국역본 제목을 병기했다.

4. 정신분석과 관련된 용어는 딜런 에반스의 『라깡 정신분석 사전』(김종주 옮김, 인간사랑, 2004)을 비롯한 관련 서적들을 참조해 옮겼고, 되도록 최근에 일반적으로 통용되는 용어를 선택했다.

5. 단행본, 전집, 정기간행물에는 겹낫쇠(『 』)를, 논문은 큰 따옴표(" ")를, 시, 영화, 연극, TV 프로그램 등에는 홑꺾쇠(〈 〉)를 사용했다.

한국어판 서문

한국은 오늘날 아시아에서 가장 발달한 나라 중 하나로, 이 성공과 더불어 소비문화와 관련한 새로운 유형의 불안들이 출현하고 있다. 소비 지상주의가 기대고 있는 선택의 독재는 역설적으로 삶에 대한 불만족을 증가시킨다. 사람들이 삶의 모든 것을 합리적 선택의 문제로 인식할 때 삶의 정서적 측면들 또한 복잡해진다. 예를 들어, 최근에 나는 어느 결혼식 피로연에서 미모의 젊은 여성을 만났는데, 그녀는 이내 자기 삶에서 끊임없이 감당해야 하는 선택과 관련한 공포에 대한 이야기를 털어놓기 시작했다. 그녀는 드레스 한 벌을 고르는 데도 한 달이 필요했고, 호텔을 찾는 데도 온라인에 있는 리뷰를 죄다 읽고,

매일 이랬다 저랬다 갈팡질팡하면서 몇 주를 보냈다고 했다. 그러고는 요즘 자신에게 가장 큰 걱정은 정자 기증자를 찾는 것이라고 했다. 나는 놀라서 이 젊은 여성을 빤히 바라보며 물었다. "뭐가 그리 급해요?" 그녀는 이렇게 대답했다. "내년이면 마흔인데 도무지 짝을 못 고르겠어요."

한국을 비롯한 선진국의 여성들은 특히 선택의 문제에 포위되어 꼼짝도 못하고 있다. 이는 단순히 그들이 매일 마주하는 풍부한 소비 선택지들 가운데서 더 이상 무엇을 선택해야 할지 — 이를테면 어떤 샴푸를 살지, 어떤 옷을 고를지, 어떤 요가 수업에 등록할지 — 몰라서가 아니라 사생활에서도 완벽한 선택을 내려야 한다고 믿고 있기 때문이다. 사랑, 정서, 몸과 건강 문제 또한 우리에게 선택의 문제로 제시되고 있는 것이다.

선택은 오늘날 합리적 선택의 문제로 그려진다. 그래서 우리는 열심히 계속해서 찾다 보면 완벽한 결론에 도달할지도 모른다고 생각한다. 그러나 선택에는 상실이 수반되기 마련이고 — 인생에서 한 방향을 선택하면 또 다른 가능성은 잃게 된다 — 또 선택은 생각보다 예측 가능하지 않음을 우리는 곧잘 잊어버리곤 한다.

우리가 내리는 선택은 흔히 무의식적 환상과 욕망의 영향을 받기도 하고, 우리가 살고 있는 사회와 가족의 영향을 받기도 한다. 우리는 흔히 남들이 내리는 선택을 고려해 선택하고, 또 남들이 내 선택을 어떻게 판단할지 추측한다.

레스토랑에서 음식을 주문할 때 우리는 어떻게 행동하는 가? 곧잘 우리는 친구들에게 무엇을 선택할 것인지 묻고, 웨이터에게 추천 메뉴를 묻기도 하며, 리뷰에서 사람들이 선택한 것을 따르기도 한다. 고급 레스토랑에서라면 주방장이 추천하는 메뉴를 그냥 선택할지 모른다. 선택지가 무수히 많은 중화요리집에서라면 그냥 늘 먹던 대로 주문할 것이다. 그러나 요리가 나오면, 남들이 주문한 요리가 탐나고 또다시 잘못 선택했다는 느낌이 든다. 레스토랑에서의 메뉴 선택과 같은 단순한 선택조차도 그런 불안을 불러일으킨다는 점에서, 런던의 어느 유명 레스토랑이 한 가지 메뉴만 제공하기로 결정한 것도 놀랄 일은 아니다. 현재 그 레스토랑은 문전성시를 이루고 있는데, 이는 사람들이 너무도 많은 선택지에 압도되어 있다는 징후이기도 하다.

레스토랑에서 경험하는 이런 선택의 독재는 한국에서도 특유의 방식으로 나타나고 있다. 중화요리집에서 손님들은 흔히 짜장면을 먹을지, 짬뽕을 먹을지 쉽게 결정하지 못한다. 그러다 하나를 선택하면 다른 것이 늘 못내 아쉽다. 그래서 중화요리집은 두 가지가 반반 들어간 '짬짜면'을 만들어 냈다. 이에 따라 이 둘 사이에서의 선택의 문제는 비교적 수월해졌다.

왜 선택 앞에서 사람들은 그토록 무력해지는 것일까? 문제는 단순히 선진국 소비자들에게 선택할 수 있는 물품이 지나치게 많다는 데 있지 않다. 문제는 오늘날 만연한 선택 이데올로기가 점점 소비자들의 불안감과 부족감(부적절하며 남보다 못하다는 느낌)feeling of inadequacy을 증가시키고 있다는 것이다.

우리는 세심히 계획한 뒤 선택을 내리면 기대한 결과 — 행복, 안전, 만족 — 를 얻을 수 있다고 믿는다. 또 상실, 리스크, 불확실성을 다룰 때 우리가 갖게 되는 외상적 감정들도 더 나은 선택을 하면 피할 수 있다고 믿는다. 그래서 오늘날 정신분석가들은, 그간 인생의 매 순간마다 올바른 선택을 하면서 살아 왔지만 공허함을 느낀다고 불평하는 환자들을 많이 본다. 그런 환자들은 이렇게 묻는다. "신중하게 선택한 대가는 대체 어디 있는 거죠? 평생 그토록 신중하게 선택을 해왔는데, 왜 전 행복하지 않은 거죠?" 일류 대학을 나와 좋은 직장에 탄력 있는 몸, 자기 집, 심지어는 근사한 남편까지 있는데 몹시 불만족스럽고 이문제를 해결하기 위해 또다시 얼마나 많은 선택을 해야 하는 건지 갈피를 못 잡겠다고 불만을 토로하는 여성도 있다.

리스크, 상실, 불확실성의 문제를 안고 있는 우리가 선택이란 관념을 찬양하기 위해서는 우연이란 관념은 차치해 두어야 했다. 시장과 관련해서도 우리는 그것이 상당히 통제할 수 없는 것임을 잊곤 한다. 단지, 리스크를 다루는 법과 수익을 예측하는 법에 대한 통찰을 제공하는 기제들을 완벽하게 만들어야 한다고 생각하는 것이다.

그러나 선택을 내릴 수 없을 때는 간혹 우연에 기대는 것이 교착 상태에서 벗어나는 유일한 길이 된다. 최근 나는 바로 우리 집에서 선택에 대한 불안을 목격했다. 십대인 우리 아들에게는 또래들이 몹시 가고 싶어 하는 콘서트 티켓 여분이 하나 있었는데, 아들 친구 둘이 그 티켓을 간절히 원했다. 친구들은 아들이 그 티켓을 누구에게 줄 것인가도 결정해 주길 원했다. 아이들은 저마다 다른 친구가 아닌 자신이 그 티켓을 받아야 하는 이유를 설명했다. 또한 결정을 내리는 데 도움이 될 기준 — 이를테면 누가 가장 오래된 친구인가, 의지가 많이 되는 친구는 누구인가, 콘서트에 가고 싶다고 먼저 말한 친구는 누구인가 등 — 도 찾았다. 아들은 선택이 불가능하다고 생각했는데, 어떤 기준을 적용하더라도 티켓을 받지 못하는 친구와의 우정은 약해질 것이기 때문이었다. 해법이 나왔다. 할아버지가 애들에게 주사위로 결정하라고 제안한 것이다. 주사위로 결정을 내리자 애들은 공정하다고 여겼다. 주사위 게임에서 진 아이는 주사위가 흔히 스포츠에서 사용되는 것이고, 또 제대로

된 스포츠맨이라면 패배를 겸허히 받아들여야 한다는 생각을 상기했다.

역설적으로 우리는 자신의 선택에 대해서는 불안과 죄책감을 느끼고 있고, 삶에서는 부족감을 경험하고 있다. 그리고 이것들은 오늘날의 소비 이데올로기를 조장하고 또 최종 심급에서는 사회 변화까지 가로막는다. 우리는 너무 많이 자신의 내면을 들여다보고, 또 자신을 개인적인 기획 — 나 자신의 삶 — 의 전적인 주인으로 여기면서 정작 사회를 변화시키는 선택들에 대해서는 잊고 만다.

어째서 우리는 사회 변화에 대해 그토록 수동적이 되는 것일까? 고도로 개인화된 우리 사회는 수백 년 전부터 자본주의 발전의 초석으로 존재해 왔던 '자수성가형 남성[인간]self-made man(뿐만 아니라 '자수성가 여성'self-made woman)이라는 관념을 극단으로 밀어붙였다. 누구나 성공할 수 있다는 관념은, 어떤 특별한 기술이 없어도 그저 남들 눈에 띄기만 하면 유명인celebrity이 될 수 있다고 쉽게 생각하는 오늘날과 같은 유명인 문화의 시대에 더욱 급진화되었다.

이런 로또식 사고방식lottery mentality은 특히 미국에 만연해 있다. 미국에서는 가난한 사람들조차 증세를 지지하지 않는데, 언젠가는 자기 자식이 부유한 인터넷 기업가나 유명인이 될지도 모른다는 생각 때문이다. 자식에게 세금 폭탄을 때리고 싶은 부모가 누가 있겠는가? 전 국민 의료보험이 시행될 경우 혜택을 받을 수 있는 미국인들도 순전히 선택이라는 관념에 대한 믿음에서 이를 반대한다. 정작 그들에게는 선택의 여지가 없는데도 말이다.

선택 이데올로기의 역설은, 현실에서 선택의 여지가 점점 더 줄어든다 할지라도 성공하지 못한 것은 자기 잘못이라고 믿어 버리게 된다는 것이다. 또 불안할 때 우리는 해야 할 것을 일러 주는 권위자에게 너무 빨리 선택권을 넘겨 버리고 그와 동일시한다. 코치를 고용하거나, 자칭 전문가[구루, 힌두교에서 스승을 이르는 말]guru를 따르거나 불확실성의 시대에 넘치는 자신감으로 위로를 건네는 독재적 지도자에 동화되거나 하는 것이다. 그러나 삶은 온통 불확실한 문제들, 리스크들, 예측 불가능한 것들로 가득 차 있으며, 선택에는 변화를 이끌어 낼 수 있는 놀라운 잠재력이 있음을 받아들이는 게 훨씬 나을지도 모른다. 하지만 우리는 선택 이후 어떻게 될지 예측할 수 없고, 선택과 더불어 오는 상실들을 피할 수 없다. 만약 그것을 피하고 싶다 하더라도 끝없이 연기시키는 것일 뿐이다. 그러니 우리는 다음과 같은 새뮤얼 존슨Samuel Johnson[18세기 영국 지성을 대표하는 문인]의 명언을 상기해야 한다. 어떤 인생을 선택할까 궁리하느라

실제 살아가는 일 자체를 망각해서는 안 된다.◆

2014년 4월

레나타 살레츨

◆ 풍자소설과 교훈적 우화의 형식을 띠고 있는 새뮤얼 존슨의 처녀작 『라셀라스』
(이인규 옮김, 민음사, 2004) 30장에서 이믈락이 라셀라스에게 하는 말이다. 이 책
을 집필할 당시 가제는 '인생의 선택'(The Choice of Life)이었다고 한다. 이 책에
서 새뮤얼 존슨은 부족할 것 없는 삶을 살던 아비시니아 왕자 라셀라스가 자기 삶
에 염증을 느끼고 시인인 이믈락과 여동생과 함께 행복의 근원을 찾아 떠난 여정
을 그리고 있다. 이야기는 라셀라스가 여행 중에 만난 행복해 보이는 이들도 사실
불행과 무지에 빠져 있음을 보면서 완전한 행복이란 없다는 것을 깨닫고 고국으로
돌아가는 것으로 끝이 나는데, 이를 통해 저자는 절대적 행복의 환상을 이야기한
다. 어떻게 하면 최선의 인생을 선택할 수 있느냐는 왕자의 질문에 대한 이믈락의
다음과 같은 답변 역시 이런 저자의 인생관을 잘 보여 준다. "선과 악, 행과 불행을
결정하는 원인들은 너무나 다양하고 불확실하며 또 서로 뒤엉켜 있을 때가 참 많
습니다. …… 따라서 삶의 진로를 결정하기 위해 어떤 확고하고 절대적인 선택 기
준을 찾으려는 사람은 아무리 평생 동안 궁리하고 모색해도 결코 그것을 찾지 못
한 채 죽어 버릴 것입니다. …… 인생을 스스로 선택해서 사는 사람은 극히 드뭅니
다. 인간은 누구든지 예측하지 못했을 뿐만 아니라 순응하고 싶지 않았던 원인들
에 이끌려 현재의 처지에 놓여 있는 것이랍니다."

서론

뉴욕의 한 서점에서 자기 계발 코너를 훑어보다가 우연히 『자기 자신을 발견하는 책』*All About Me*[김수영 옮김, 범조사, 2001]이라는 제목의 책을 발견했다. 이 책은 대부분이 공란이었다. 본문에는 온통 독자가 좋아하는 것과 싫어하는 것, 추억, 미래 계획에 관한 한두 가지 질문만이 있을 뿐, 그 외엔 아무것도 없었다.

이런 빈칸은 선진국의 지배 이데올로기를 완벽하게 보여 준다. 곧 개인은 자기 삶의 세세한 모든 것을 자유롭게 결정할 수 있는 궁극적 주인이라는 것이다. 오늘날 소비사회는 우리에게 상품을 선택하라고 요구할 뿐만 아니라 우리의 삶 전체를 하나의 커다란, 결정과 선택들의 혼합물로 보라고 말한다.

예를 들어 보자. 내가 홀로 기차 여행을 하며 마주친 광고들은 내가 삶에서 원하는 것은 무엇이든 자유롭게 할 수 있다는 생각을 수차례 일깨워 주었다. 어느 대학 광고판은 '당신이 원하는 사람이 되라'라며 나를 독려했고, 맥주 회사는 '진짜 네 모습을 찾아라'라며 충고했고, 여행사는 '당신의 인생, 지금 예약하세요'라고 부추겼다. 『코스모폴리탄』 표지에는 '변신하라, 지금보다 더 나은 모습으로'라고 쓰여 있었고, 체이스맨해튼 은행 현금 지급기 화면에는 이런 문구가 떴다. '당신의 선택[초이스]. 당신의 체이스.' 탈공산주의 국가들에서도 광고는 우리에게 어떤 삶을 살 것인지 끝없이 선택해야 한다고 이야기한다. 슬로베니아의 한 란제리 회사가 설치해 둔 거대한 광고판에는 이런 말이 쓰여 있었다. '오늘 당신은 어떤 여성이 되고 싶나요?' 불가리아의 한 이동전화 회사의 로고는 '당신만의 목소리를 찾으세요'이고, 크로아티아에 있는 경쟁사는 이런 주문呪文을 반복한다. '진짜 자기 모습을 찾으세요.'

진정한 자기 모습을 찾는 것은 어렵지 않아 보인다. 베스트셀러 목록만 훑어봐도 사람들이 진정한 자신을 찾는 법을 배우는 데 많은 시간과 돈을 쏟아붓고 있음을 알 수 있다. 『당신의 생각을 바꿔라: 당신 자신을 바꿔라』Change Your Thought: Change Yourself, 『내 몸 사용 설명서: 100세까지 녹슬지 않는 몸을 만드는 나만의 맞춤형 인체 매뉴얼』*You: The Owner's Manual*[유태우 옮김, 김영사, 2007], 『지금 당신의 힘을 발견하고 당신을 바꿔라』*Now Discover Your Strengths and Reposition Yourself*. 이 책들은 저마다 삶 전체를 재정립하는 새로운 전략을 제시한다. 인터넷의 별점 사이트에서는 '진짜 내 모습'을 무료로 알려 준다고 광고하고, 텔레비전 광고는 전신을 바꾸라고 권한다. 공사 영역을 불문하고 모든 삶의 영역에 이상적인 생활 방식을 성취하도록 도와주겠다는 코치들이 있는 것이다.

그러나 이 모든 조언들이 반드시 만족을 가져다주는 것은 아니다. 오히려 실제로는 불안과 불안정[불안젠]insecurity을 가중할 수 있다.

잡지 편집자 제니퍼 니슬라인Jennifer Niesslein은 행복과 성취감을 찾도록 도와준다는 각종 자기 계발서의 조언에 전적으로 의지해 삶의 모든 문제를 해결하기로 마음먹었던 적이 있었다. 니슬라인은 『모든 면에서 완벽하게 살아 보기: 자기 계발 세계로의 잘못된 여행과 귀환』*Practically Perfect in Every Way: My misadventures through the World of Self-Help and Back*에서 지난 2년간 자신이 살 빼는 법, 집안 정리법, 좋은 부모와 좋은 아내 되는 법, 그 어떤 상황에서도 평정심을 유지하는 법 등과 같은 조언을 어떻게 따랐는지, 그리고 그 후 자신이 어떻게 심각한 공황 발작을 겪기 시작했는지를 설명한다.[1] 그녀의 만족감은 전보다 더해지기는커녕 줄어들었다. 그녀는 온갖 자기 계발을 하느라 시간을 죄다 잡아먹었을 뿐만 아니라 자신이 이루어 낸 티끌 하나 없는 주방, 집에서 만든 하루 세끼, 새로 배운 의사소통 기법 등도 즐기지 못했다. 심지어는 아주 힘든 운동으로 뺀 몸무게도 몇 달 만에 원래대로 돌아왔다. 그렇게 모든 게 끝나 버린 뒤 니슬라인은 사람들이 자기 방식대로 변화를 시도하기보다는 이런 책들을 따라 하려는 이유를 다음과 같이 설명했다. "내 생각에 우리는 살면서 너무 많은 것들에 대해 책임감을 느끼는 것 같다. 직장, 자녀, 그리고 결혼 생활에 책임을 져야 한다고 말이다. [그런 상황에서] 만약 의지할 만한 사람이 있고, 또 그가 당신에게 해야 할 일이 무엇인지 일러 준다면, 위로가 될 것이다."[2]

선진국의 경우 삶을 자신이 원하는 대로 꾸리고 완벽하게 만들어 준다는 선택지는 늘어났는데 어째서 만족스러워지기는커녕 오히려 불안감과 부족감, 죄책감만 더 늘어난 것일까? 또 왜 사람들은 이런 불안을 완화하고자 마케팅 담당자나 별점이 무작위로 알려 주는 충고 몇 마디를 따르려 할까? 왜 화장품 제조사들의 미용 정보를 받아들이고 투자 전문가들의 경제 예측을 따르며 자기 계발서 저자들이 말하는 인간관계에 대한 조언을 수용하는 것일까? 점점 더 많은 사람들이 이 같은 소위 전문가를 따른다는 것을 생각해 보면 우리는 사실 갈수록 더 선택이란 짐을 덜고 싶어 하는 것 같다.

사람들은 전문가의 도움을 받아 삶을 개선하려 할 때 흔히 악순환에 빠진다. 예를 들면 몇몇 정신분석가들은 자기 계발 누리집인 〈플라이 레이디 닷컴〉FLYlady.com(플라이FLY는 '궁극적으로 자신을 사랑하기'Finally Loving Yourself의 약어이다)을 자주 드나드는 사람들 사이에서 특정한 종류의 강박 행동을 목격했다. 이 누리집에서는 독자들에게 매일 일과를 기록하고, 자신의 공간, 몸, 감정, 관계를 정리하는 방법에 관한 상세한 조언을 따라야 한다고 이야기한다. 이 누리집 이용자들은 정신분석가에게 일이 자신이 계획했던 대로 되지 않는다거나, 해야 할 일이 점점 더 늘어나기만 한다고 불만을 털어놓았다. 개중에는 삶 전체가 마치 성취해야 하는 일련의 목표들로 구성된 것처럼 처신하는 이들도 있었다. 이를테면 특정한 과제를 해결하고, 일정량의 체중을 감량하며, 적령기에 결혼하고, 아이를 갖고, 완벽한 가정을 꾸리는 것 등으로 말이다. 그렇지만 본인이 자초한 부족감에 대한 불만은 그 나름의 쾌락을 주는 듯했다.

이런 유형의 자학은 늘 새로운 형태의 향락을 추구하려는 시도와 밀접한 관련이 있다. 후기 산업자본주의 이데올로기는 개인이 추구하는 향락에는 제한이 없는 것처럼 간주하는 경향이 있다. 개인이 계속해서 늘어나는 자신의 욕망을 끊임없이 충족시키면서 쾌락의 경계를 끝없이 넓힐 수 있는 것처럼 보는 것이다. 하지만 역설적으로 많은 사람들은 경계가 없어 보이는 사회에서 만족을 얻지 못하고 보통은 자멸의 길로 들어선다. 무제한적 소비는 사람들로 하여금 자기 자신을 소모해 버리도록 만드는 경향이 있다. 이를테면 자해, 거식증, 폭식증과 더불어 각종 중독증이 이를 가장 잘 보여 준다.

2008년에 현재 진행 중인 경제 위기가 시작되었을 때, 처음에는 마치 규제가 선택을, 우울이 행복을, 그리고 책임지고 사태를 바로잡을 권위자를 바라는 욕망이 개인의 자유를 대신할 것처럼 보였다. 『파이낸셜 타임스』 같은 대표 언론들은 "빌려온 미래" "돈을 회수할 시간" "월가 비탄에 잠기다" 같은 표제를 달아 암울한 경제 상황에 대한 기사들을 내보냈다. 사회에 대한 분석은 대체로 현실 직시, '철저한 단절'을 요청하는 것에서부터 시작되었다. 주저하고 망설이는 것은 '불합리한 태도'로 간주되었다. 심지어 예술에 대한 기사들에서조차 새로운 숙명론적 담론이 출연하고 있는 것처럼 보였다. "'문명'의 종말을 견디는 방법"을 묻는 질문에는 '균형과 조화에 통달할 것' '미래의 목소리에 귀 기울일 것' 아니면 '소박함에 의지할 것' 등과 같은 답변이 돌아왔다.[3] 그러나 위기가 경제 전체의 붕괴를 뜻하지 않을 수도 있다는 희망의 빛이 깜박이자마자 선택이란 관념은 소비사회의 강력한 이데올로기적 수단으로 다시 부상했다. 이번에는 경제적으로 풍족해지면 정말로 더 행복해지는지, 또 과시적 소비가 여가를 보내는 가장 좋은 방법인지에 관한 논의들에 휩싸였다. 하지만 이와 같이 삶을 단순화하는 방법에 대한 생각들은 또 다른 형태의 선택에 걸려들게 되었다. 소비자는 선택을 하지 않기 위해 선택을 해야 했고, 대개는 그런 방법에 관한 조언을 구하는 데 비용을 치러야 했다. 단순히 물건들을 없애 버리거나 누군가에게 기부해 버리라는 것은 선택지라 할 수 없었다. 필요한 것은 그것을 하는 방법에 관한 조언이었다.

그러나 번영에 관한 이 같은 인식의 변화가 하루아침에 일어난 일은 아니었다. 사람들이 어느 날 불현듯 각성해 자신의 삶을 다른 방식으로 바라보게 되었던 것은 아니다. 임박한 경제 위기의 씨앗은 진작부터 싹트고 있었다. 마찬가지로 선택이라는 이데올로기와 관련한 우울증은 경기가 좀 더 과열되어 있던 시기에 이미 만연해 있었다. 이는 후기 산업자본주의 사회에서 지난 십 년 동안 눈에 띄게 나타난 불안과 불안정만 봐도 잘 알 수 있다. 풍요로웠던 지난 몇 년 동안에도 선택의 과잉을 제한하자는 목소리가 존재했다는 점을 고려한다면, 경제 위기는 흡사 욕망의 충족이자 선택의 과잉이 만들어 낸 압박감으로

부터의 해방인 것처럼 보였다. 심지어 경제 위기는, 낭비와 사치 — 더 정확히 말하면 풍요로워서 가능했던 무수한 가능성들 — 에 상한선을 두고 싶다는 욕망이 오랫동안 존재해 왔다는 점에서 안도감 같은 기이한 향락을 가져다주기도 했다. 비록 그와 같은 욕망은 부분적으로만 실현되었지만 말이다. 『뉴욕 타임스』는 "우리는 1929년처럼 파티를 열 것이다"라는 제목의 기사에서 휴가를 간소하게 보내는 법을 서술하며 이 새로운 청교도적 분위기를 포착해 냈다. 이 기사는 경제 위기 시기에 적은 비용으로 괜찮은 저녁 만찬을 열 수 있는 방법을 제시했다. 한 유명 인사는 이렇게 말했다. "불황은 압박감을 풀어 줍니다. …… 중요하지 않은 것들은 죄다 털어 버리고 친구, 가족, 친교에 집중하게 해주지요."[4] 그렇지만 만찬 주최자들은 경제 위기 시기에 어떻게 손님을 접대해야 하는지 조언해 줄 사람을 고용할 필요를 느꼈다. 소비가 주는 쾌감을 단념하고 싶다는 그들의 바람에는 독특한 양가성이 존재했다. 그들은 자신들의 선택지를 제한하고 싶었는지 모르지만, 아주 많이 제한할 마음은 없었으며, 누군가 대신 그렇게 해주길 바랐던 것이다.

여기서 검토하는 문제는 단순히 왜 사람들은 쇼핑을 하는가 혹은 삶을 어떻게 생각하는가가 아니라 왜 사람들은 선택이란 관념을 기꺼이 받아들이는가이며, 또한 그로 인해 무엇을 얻고 잃는가이다. 사람들은 테러 위협이나 신종 바이러스, 환경 재난을 걱정할 수도 있지만 보통은 자신의 안녕well-being을, 이를 테면 직장, 인간관계, 돈, 지역사회에서의 위치, 삶의 의미, 양도할 유산 등을 가장 걱정한다.[5] 이 모든 것에는 선택이 따른다. 그리고 우리는 현 시점에서의 완벽을 추구할 뿐만 아니라 미래에도 완벽하기를 원하기 때문에 선택은 훨씬 힘들어진다. 선택은 압도적인 책임감을 느끼게 하고 이는 실패에 대한 두려움, 그리고 선택을 잘못했을 때 발생할 죄책감과 불안, 후회와 밀접한 관련이 있다. 이 모든 것이 선택의 독재적 측면에 기여한다.

사회학자 리처드 세넷Richard Sennett은 이렇게 지적한다.

정치사상에서 '독재'tyranny라는 말의 가장 오래된 용례 가운데 하나는 주권의 동의어이다. 모든 문제가 공통의 주권적 원리나 이성에 회부될 때 그 원리 혹은 개인은 사회에서 독재자로 군림한다. …… 제도가 단일한 권위의 원천으로 군림할 수도 있고, 때로는 신념이 현실을 재단하는 단 하나의 기준이 될 수도 있다.[6]

지난 수십 년간 합리적 선택이론에서 제시된 선택이란 관념은 선진국에서 그런 단일한 독재적 관념이 되었다.

합리적 선택이론은 사람들이 행동하기 전에 생각하고 어떤 상황에서도 늘 편익의 극대화와 비용의 최소화를 추구한다고 전제한다. 이에 따르면 사람들은 늘 지배적인 상황과 주어진 충분한 정보에 의존해 가장 이익이 되는 선택지를 고를 것이다. 그러나 합리적 선택이론을 비판하는 이들은, 인간은 자신의 이익이 무엇인지 알고 있을 때조차도 늘 그것을 위해서만 행동하지는 않는다고 지적해 왔다. 사람들이 노골적인 자기 이익이 아니라 자선 혹은 이타적 관습에 근거해 행동하는 예는 많다. 정신분석가들도 사람들은 흔히 쾌락을 극대화하고 고통은 최소화하는 방식으로 처신하지 않고 때때로 자신의 안녕에 반하는 행동에서 이상한 쾌락을 얻기도 한다는 것을 보여 주었다. 설령 사람들이 최상의 선택을 하는 데 필수적인 정보를 가지고 있다고 생각한다 해도 그들의 결정은 타인과 같은 외적 요인이나 자신의 무의식적 욕망과 소망wish 같은 내적 요인에 깊은 영향을 받을 것이다.

선택 그 자체, 그리고 선택은 항상 사람들의 이해관계와 관련되어 있다는 관념을 찬양하는 오늘날의 사회에서는 가능한 선택의 범위뿐만이 아니라, 그와 같은 선택이 제시되는 방법에도 문제가 있다. 삶의 선택들은 소비자의 선택과 똑같은 방식으로 묘사된다. 즉, 우리는 적당한 벽지나 헤어 컨디셔너를 찾듯이 '좋은' 삶을 찾는다. 오늘날의 조언 문화에서는 배우자를 고르는 일도 자동차를 고르는 일과 별반 다르지 않게 제시된다. 이를테면 이런 것이다. 우선 모든 장단점을 저울질해 본다. 그리고는 혼전 계약서를 작성하고, 문제가 생길 경우에는 이것저것 고쳐 보려고 노력도 한다. 하지만 마침내 모든 성가신 의무나 책임에 지쳐 버리면 단기 임대 계약을 맺기로 결정하고, 구 모델을 신 모델로 갈아치우는 것이다.

선택을 둘러싼 쟁점은 주로 선진국 중산층이 관심을 가져 왔던 사안이다. 하지만 가난한 나라들에서조차 많은 사람들이 선택 이데올로기에 내재한 모순으로 큰 곤란을 겪어 왔다. 현재 가정상으로는 삶에서 원하는 것은 무엇이든 할 수 있지만, 실제로는 무수히 많은 제약에 부딪친다. 사람들은 마치 인생의 모든 요소를 마음대로 빚어서 하나의 예술 작품처럼 멋진 삶을 완성할 수 있는 위치에 있는 것처럼 취급받는다. 또한 우리가 마치 이상적인 세계에 살고 있고, 자신이 한 선택을 언제든 뒤집을 수 있는 것처럼 행동하도록 장려하지만, 현실에서는 경제적 상황 탓에 선택의 자유를 많이 갖지도 못할 뿐더러 잘못된 선택 하나로 처참한 결과가 발생할 수 있다. 부유한 나라에서도 빈민은 자신들에게 제공되는 선택들을 사용할 수 있는 능력이 없다. 예컨대 미국에서는 [민간] 의료보험에 가입되어 있거나 가입할 수 있는 이들은 매우 다양한 치료법과 의료 기술을 선택할 수 있다. 하지만 전 국민 의료보험 체계가 없는 [미국에서] 빈민은 가장 기초적인 치료조차 선택할 수 없다. 게다가 심지어 돈이 고민거리가 아닌 사람들에게조차 선택은 부담과 혼란의 원천이 될 수 있다. 한편으로 최신 과학 연구는 인간이 앓게 될 질병과 수명이 이미 유전자에 의해 결정되어 있다고 이야기하는데, 다른 한편으로 사회는 사람들로 하여금 자신의 생활 방식을 선택함으로써 자신의 안녕에 책임을 져야 한다고 느끼도록 만들기 때문이다.

이 책의 목적은 우리가 되고 싶은 것을 스스로 선택한다는 생각, 그리고 '자기만의 모습을 찾아라'라는 명령이 어떻게 우리 자신에게 불리하게 작동하기 시작했고, 우리를 더 자유롭게 하기보다는 더 불안하고 더 탐욕스럽게 만들고 있는지를 탐구하는 것이다. 후기 산업자본주의가 선택 이데올로기를 지지하는 것은 우연이 아니다. 더 정확히 말해 이는 자본주의의 지배를 영속화한다. 프랑스 철학자 루이 알튀세르Louis Althusser에 따르면, 문제는 자기 삶이 구성되는 방식을 우리가 의식하지 못한다는 것이다. 사회는 자명한 것, 주어진 것, 거의 자연적인 것으로 기능한다. 철학자들이 '이데올로기'라고 부르는 숨겨진 명령들, 존재의 방식들, 비밀스런 요구 조건들을 이해하려면 자명한 것obviousness과 주어진 것given-ness의 베일을 벗겨 내야 한다. 그래야만 비로소 우리가 일상생활에서 무심코 복종하는, 기이하지만 아주 정연한 논리를 의식할 수 있다. 우리는 자신이 '사회' 또는 '현재의 상황'에 반대한다고 느낄 것이다. 그러나 역설적이게도 특정한 이데올로기가 유지되기 위해 반드시 사람들이 그것을 적극적으로 지지하거나 믿고 있어야 하는 것은 아니다. 결정적인 것은 사람들이 자신의 불신을 표출하지 않는다는 것이다. 다수의 의견을 따르는 사람들에게 가장 중요한 것은 주위의 다수가 믿는 것을 참이라고 믿는 것이다. 따라서 이데올로기들은 '타자의 믿음에 대한 믿음'에서 번성한다. 이는 대부분의 사람들이 지배 이데올로기를 전적으로 믿지는 않았던 전前 공산주의 국가들에서 가장 명백할 것이다. 시민들은 이런 식으로 추론한다. '나는 당을 믿지 않아. 하지만 당을 믿는 사람들은 많아. 당 기관원들은 말할 것도 없고, 당을 믿는 사람들은 나 같은 사람들보다 수적으로나 힘으로 보나 훨씬 우세해. 그러니 난 가만히 있을 거야.' (이제 와 돌아보면 사실 당 기관원조차도 많은 수가 공산주의를 진심으로 신봉하지는 않았던 것 같다. 대개 그들은 사회주의의 창시자들인 마르크스와 엥겔스로 돌아간 사람들을 수상쩍어 했다.) 결국 사회를 유지시킨 것은 [남들이 믿고 있을 거라는 가정에서] 막연히 믿고 있었던, 그리하여 결과적으로는 믿음을 현실화시켰던 허구적 타자들에 대한 믿음이었다.

이런 믿음의 논리는 선택이란 관념에도 적용된다. 우리 스스로는 사실 선택이 무한하다거나 삶의 방향을 완벽하게 결정하고 [선택을 통해 우리가] 원하는 것은 무엇이든 될 수 있다고 생각하지 않을 수도 있다. 하지만 남들은 이런 생각들을 믿는다고 믿기에 우리의 불신을 표출하지 않는다. 후기 산업사회에서는 선택 이데올로기가 그런 권력을 쥐고 있기에 사람들에게 필요한 것은 오로지 불신을 표출하지 않는 것이다.

자신의 모습에 죄책감을 느끼고 끊임없이 자기를 '계발하는' 일에 힘쓰는 동안 우리는 사회를 변화시키는 데 필요한 전망을 잃어버리고 만다. 또 자기 계발에 몰두함으로써 사회를 변화시키는 동력과 능력도 상실하고, 왠지 실패하고 있다는 느낌에 늘 불안해한다.

이 불안을 덜고자 한다면 먼저 그것이 어떻게 힘을 얻게 되었는지 그리고 어떻게 작동하고 있는지 이해해야 한다. 그리고 사회가 기능하는 방식을 변화시키고자 한다면 후기 자본주의 이데올로기에서 그런 중심 역할을 하는 선택의 독재에 대한 대안들이 존재한다는 것을 인정해야 한다. 우리는 합리적 선택을 찬양하는 대신 선택들이 어떻게 흔히 무의식적 수준에서 이루어지고 또 사회의 영향을 받는지 검토할 필요가 있다.

경제 위기의 시대에는 다른 질문들이 제기된다. 이를테면, 어떻게 무한하고 자유로운 선택을 향유하다가 현저히 제한된 선택만으로 살아 갈 것인가? 어떻게 우리는 모든 게 가능하다고 믿다가 더는 아무것도 가능하지 않다고 믿을 수 있을 것인가? 어떻게 우리는 [선택 이데올로기의] 약속을 잊고 현실과 대면할 수 있을까? 이런 질문들은 우리를 난감한 상실의 논리로 끌어들인다. 선진국에서는 지난 수십 년간 영원한 현재라는 환영 illusion이 만들어졌다. 즉, 과거는 중요하지 않으며 미래는 우리가 창조해 나간다는 것이다. 이런 환영 속에서 상실이라는 현실은 가려진다. 스스로가 자신의 운명, 자신의 안녕, 그리고 자녀 같이 자신과 가까운 이들의 안녕을 책임져야 한다고 인식할 때 결정은 훨씬 더 어렵기 마련이다. 결정에 대한 후회와 또 다른 실수에 대한 두려움이 그를 압도하게 될 것이다. 사람들은 상실감, 후회, 스며드는 불안감을 피하려고 리스크를 최소화하거나 적어도 예측할 수 있도록 애쓴다. 선택을 중시하는 사회는 우리가 모든 리스크를 예방하거나 적어도 예측해야 한다는 생각에 기대고 있다.

위기는 우리가 통제력을 상실하는 바로 그 순간 — 우리가 알고 있는 세계가 파괴되고 우리가 알지 못하는 것에 직면하는 순간 — 으로 정의할 수 있다. 위기가 사회와 개인에게 어떤 영향을 미치든 간에 그런 위기는 정말로 중요한 것을 재평가하는 계기가 될지도 모른다. 경제 위기의 시대에는 사람들이 절약을 강요받지만 또한 자신의 욕망을 생각해 보게 된다. 절약은 욕망을 희생시키는 것 ― 아니면 적어도 그것을 미뤄 두는 것이다. 최근까지, 선택의 사회는 즉각 만족을 얻으라고 부추겼고 어떤 것도 미루지 말라고 가르쳤다.

그러나 이런 과정에서도 사람들은 욕망을 계속 유지하고자 늘 새로운 제한들을 만들어 왔다. 즉, 스스로 새로운 금지들prohibitions을 만들어, 향락을 추구하라는 사회의 압력을 억제해 왔다. 이것이 바로 우리가 제한limit 없는 사회에 살고 있다는 이론에 내가 동의하지 않는 이유다. 실제로 제한이 없는 사회와, 그 사회에 제한이 없는 것처럼 묘사하는 이데올로기는 다르다. 우리의 현 이데올로기는, 미디어에서 재현되는 것처럼, 향락의 무제한성을 토대로 작동해 왔지만, 개인들은 여전히 스스로 만든 금지들과 씨름하고 있다.

도스토예프스키의 『카라마조프가의 형제들』에 등장하는 이반 카라마조프는 신이 존재하지 않는다면 모든 게 허용된다고 추론한다. 프랑스 정신분석가 자크 라캉은 이를 이렇게 뒤집었다. "신이 존재하지 않는다면 더는 아무것도 허용되지 않는다." 즉, 우리의 행동을 금지하는 권위에 대한 믿음을 상실할 때 자유가 아니라 오히려 새로운 제한들이 생긴다는 것이다. 우리는 선택 이데올로기로 인해 이와 유사한 전도顚倒들에 직면하게 된다. 인생에서 우리에게 있다고 간주되는 무제한의 선택들은 새로운 금지들로 변화해 왔다. 하지만 오늘날에는 이런 제한이 부모나 교사와 같은 외적 권위에 의해 우리에게 부과되는 것이 아니다. 금지를 만들어 내는 것은 바로 우리 자신이다. 그리고 방대한 조언 및 자기 계발 산업 또한 우리의 선택을 제한하는 권리를 위임할 또 다른 권위들을 선택할 수 있도록 해준다.

이 책은 선택 이데올로기가 개인에게 자신이 자기의 안녕과 인생 방향의 완전한 주인이라는 생각을 심어 줄 때 얼마나 사람들을 잘못된 길로 이끌 수 있는지, 또 사회구조적으로 가능한 변화를 어떤 식으로 방해하는지를 보여 줄 것이다. 개인의 합리적 선택이 가능한 경우도 있기 마련이고, 또 우리가 내리는 선택이 비합리적이고 때로는 해로운 경우도 있기 마련이다. 선택은 우리가 갖고 있는 강력한 기제로 정치적 개입과 정치적 과정 전반의 토대가 된다. 하지만 선택이 개인적 삶을 꾸려 나가는 데 필요한 궁극의 수단으로 찬양될 때, 사회적 비판의 여지는 거의 사라지고 만다. 개인적 선택에 집착하는 동안 우리는 선택이 결코 개인적이지 않으며 사실 우리가 살고 있는 사회의 영향을 크게 받는다는 점을 놓치게 되기 때문이다.

1

선택은 왜 우리를 불안하게 하는가?

얼마 전 저녁 식사 모임에 쓸 치즈를 사려고 맨해튼의 한 고급 식료품점에 들렀다. 셀 수 없이 많은 선반에는 숙성이 인증된 대표적인 유제품들, 견본품들, 예컨대 소프트 치즈, 블루치즈, 네덜란드산 하드 치즈, 영국산 크럼블리 치즈, 프랑스산 고급 치즈 등이 진열되어 있었고 하나하나가 내 눈을 사로잡았다. 그중에 하나를 고르기란 너무 어려운 노릇이었다.

모범생병이 도진 나는 라벨을 읽기 시작했다. 내 첫 번째 실수가 어떤 치즈를 살 건지 확실히 정하지 않고 상점에 온 거라면, 두 번째 실수는 많은 종류만으로도 현기증이 날 지경인데 미사여구로 가득한 포장지까지 읽었다는 것이다. 대체 이 치즈는 그 옆에 늘어선 수백 가지 치즈들과 뭐가 그리 다른 걸까? 치즈들은 각기 저마다의 장점을 정확하게 그리고 열과 성을 다해 노래하고 있었다. 나는 머리가 띵해지기 시작했는데, 카망베르 치즈에서 나는 냄새 탓만은 아니었다. 가장 이상한 점은, 내가 괜찮은 치즈 하나 고르는 데 겪어야 하는 불필요한 수고에 분개하기보다는 — 이쯤 되자 나는 '감미롭다'거나 '훈제 맛이 난다'는 등의 나를 유혹하는 온갖 감언이설보다는, '발라 먹기 좋다'거나 '토스트와 함께 먹기 좋다'는 등의 말에 감사해야 했다 — 이내 우유부단한 나 자신에 몹시 화가 났다는 것이다. 전에 먹어 본 그 근사한 치즈들의 이름은 다 뭐였더라? 프랑스에 있었던 게 대체 무슨 소용이람?

그날 내가 저지른 세 번째 실수는 치즈 코너를 담당하는 남성에게 조언을 구한 것이었다. 티끌 하나 없는 업소용 앞치마를 두르고 꼿꼿이 뒷짐 진 채로 서성이던 그는 꽤 박식해 보였고, 기꺼이 전문가 역할을 맡아 주었다. 하지만 여전히 무언가 의심쩍었다. 팔리지 않는 비싼 치즈 재고를 나에게 떠넘기려는 게 그의 진짜 목적일지도 몰랐다. 이런 식으로, 갈팡질팡한 마음은 서서히 의심과 적의로 깊어졌다. 결국 그의 조언을 무시하고 브리 치즈와 체더치즈의 유혹을 뿌리친 채 사실상 마구잡이로 괜찮아 보이거나 이름이 흥미로운 치즈 다섯 개를 골랐다.

좀 부르주아적이긴 하지만, 너무 많은 선택지가 왜 불안과 부족감을 부추기는지를 잘 보여 주는 글이 있다. 이탈로 칼비노Italo Calvino의 소설 『팔로마 씨』Mr. Palomar를 보면, 주인공 팔로마 씨가 파리의 치즈 가게를 방문했을 때 그를 압도하는 수많은 선택지들 앞에서 일종의 실존적 딜레마를 느끼는 장면이 나온다.

팔로마는 상반되는 욕구들 사이에서 갈팡질팡한다. 한편으로는 하나도 빠짐없이 완벽하게 알고 싶다는 것인데, 이 욕구는 모든 종류의 치즈를 맛봐야만 충족될 수 있다. 또 한편으로는 완벽한 선택을 향한 욕구, 즉 자신과 천생연분의 치즈를 찾겠다는 욕구가 그것이다. 그런 치즈는 그가 설상 그 치즈를 알아볼 수 없다 해도 분명히 존재하는 것이다.

팔로마 씨는 엄청나게 많은 치즈 이면에서 박물관식 경험과 백과사전식 지식을 발견하고 압도된다. 먼저 그는 나중을 위해 기억해 두고 싶은, 알려지지 않은 치즈 이름들을 적어 둔다. 하지만 결국에는 상당히 평범한 것을 고른다.

그는 몹시 갈망했던 복잡한 치즈의 이름을 말하려고 잔뜩 준비하고 있었다. 하지만 일순간 머릿속이 하얘졌다. 그는 말을 더듬거린다. 그리고 가장 빤한 것, 가장 평범한 것, 가장 광고가 많이 된 것을 고른다. 마치 대중 문명사회의 로봇이 그를 다시 붙잡아 좌지우지하기 위해 그가 갈팡질팡하는 이 순간만을 기다리고 있던 것처럼 말이다.[1]

팔로마 같은 성격에는 각각의 치즈가 저마다 담고 있는 이야기를 상상하는 것만으로도, 그러니까 '각종 치즈가 서로 다른 하늘 아래 각기 다른 초록빛 목장을 나타낸다'는 사실을 생각하는 것만으로도 벅찬 일이다. 그래서 그가 결국 평범한 치즈를 고른 것은 백과사전을 덮는 행동을 연상시킨다. 백과사전에는 그야말로 정보가 너무도 많기 때문이다. 광고가 많이 된 치즈는 안도감을 주는데, 새로운 것을 발견할 때 드는 반신반의를 없애 주기 때문이다.

나도 치즈 판매대에서 작은 난관에 봉착했다. 하지만 내가 느낀 불안은 각각의 치즈가 저마다 '다른 초록빛'과 '다른 하늘'을 품고 있기 때문은 아니었다. 그보다 나는 타인의 욕망이란 눈으로 나 자신의 욕망을 의심하고 있었다. 첫째는 내가 내린 선택을 남들이 어떻게 판단할까 하는 생각에 신경이 쓰였다. 친구들이 어떤 치즈를 좋아할지, 어떤 특이한 치즈를 사가야 깜짝 놀랄지 생각하느라 고심했다. 그리고 그 남자가 판매대 뒤에서 나를 오만하게 바라보는 게 불편했다. 자기 전문 영역에 대해 내가 무지하다는 것을 즐기고 있는 게 분명했다. 둘째는 내 식견이 미덥지 못했다 — 아는 게 더 많은 소비자가 아닌 나 자신에게 화가 났다. 다 끝나고 나서 나는 유명한 법학 교수인 내 친구가 레스토랑에서 와인을 골라 보라고 할 때 느낀다는 불안을 이해할 수 있었다. 그는 남들이 자신이 고른 것을 비웃을까 걱정하는 것이다. 이런 불안 탓에 그는 늘 값비싼 와인을 주문하고 식사 후에는 자신이 계산하겠다고 고집하는 것이다.

선택과 관련해 어떤 게 신경 쓰이는지 물으면 사람들은 대개 이렇게 답한다.

- 이상적인 선택을 하고 싶다. (이런 이유로 사람들은 끊임없이 전화 회사를 바꾼다.)
- 남들이 내 선택을 어떻게 생각할지, 남들은 어떤 선택을 할지 생각한다.
- 사회를 책임지는 사람이 한 사람도 없다고 느낀다. (예컨대, 사람들은 정말로 전기 회사를 직접 선택하길 원하는 것일까? 이것이 개인이 선택해야 할 문제인가? 하고 자문한다.)
- 실제로는 자유롭게 선택하지 못할 것이라는 점이 염려된다. (남들이 나를 대신해 이미 '선택'을 내리고 있고, 기업들도 마케팅 전략

으로 그렇게 하고 있다는 의심이 들기 때문이다.)

지난 수년 동안 행복에 관한 책과 글들은 선진 자본주의사회에 존재하는 수많은 선택이 왜 만족을 가져다주지 못하는지, 그리고 부자가 되어도 왜 더 행복해지지 않는지 의문을 제기했다.[2] 이 논의들은 대체로 그런 시스템 자체에 대해서는 비판적이지만 사회의 기본 신념은 그대로 받아들이고 있는데, 즉 행복과 자기 충족감이 우리의 일차적 목표라는 것이다.

그렇지만 자본주의는 그런 목표는 아랑곳하지 않고, 성장하고 번창한다. 캐나다 작가 윌 퍼거슨Will Ferguson은 소설 『행복』 Happiness™에서 이런 생각을 다루면서, 만약 서구에서 모든 사람들이 진정으로 행복해진다면 어떤 일이 일어날지 상상해 본다.[3] 그는 사람들이 충족감에 이르는 참되고 쉬운 길을 일러 주는 어떤 자기 계발서에 푹 빠진 사회를 그린다. 이 작은 책은 바이러스처럼 퍼져 나간다. 이 책을 읽은 사람은 전부 기존의 생활을 버리고, 옷을 더 간소하게 입기 시작하고, 화장품을 사지 않으며, 성형수술을 하지 않고, 헬스클럽 등록을 취소하며, 자가용을 포기하고, 직장도 그만둔다. 어느 사무실에 가더라도 현관에는 같은 메모가 붙어 있다. '낚시하러 갔음!' 새롭게 자각한 이 사람들에게는 행복이 가득하다. 몸이 더 편안해지고, 옷음이 끊이질 않으며, 우아하고 즐겁게 행동하고, 평온이 물씬 풍긴다. 하지만 대중이 진정으로 행복해지자 자본주의는 토대가 흔들린다. 산업들은 도미노처럼 쓰러지기 시작한다. 이 자기 계발서를 낸 출판사는 겁에 질려, 자사의 주주들과 세계 자본주의를 이끌어 가는 사람들을 대신해 이 행복 운동을 중단시킬 것을 결의하고, 저자를 찾기 시작한다. 이내 저자는 표지에 적혀 있는 것과 같은 인도의 구루가 아니라 트레일러에 살고 있는 독거노인이라는 게 밝혀진다. 또한 암을 선고 받은 이 남자가 손자에게 물려줄 돈을 좀 마련할 요량으로 그 책을 썼다는 것도 드러난다. 그는 이런 의도를 품고서 기존의 자기 계발서들에서 골자가 되는 생각들을 그저 짜깁기했던 것이다. 이야기는 발행인이 그 노인에게, 그의 저작이 사회 진보에 유익하기보다는 해로웠음을 납득시키면서 끝을 맺는다. 발행인은 저자에게 다시 한 번 자본주의가 번창할 수 있도록, 불행해지는 법에 관한 책을 새로 쓸 것을 권한다.

자본주의는 우리의 부족감뿐만 아니라 우리가 앞으로의 길을 자유롭게 선택할 수 있고, 이로써 우리의 삶을 개선할 수 있다는 생각을 늘 이용해 왔다. 계몽주의 기획은 17세기 말부터 계속 선택이란 관념 ─ 정치적 자유나 영혼과 육체, 사랑하는 자와 사랑받는 자, 부모와 자식 간의 관계에 대해 우리가 갖고 있는 근대적 개념들을 낳은 — 을 고취했다. 또한 자본주의는 소비자 선택의 관념뿐만 아니라 자수성가 이데올로기를 조장했다. 그리고 이는 개인으로 하여금 자기 삶을 선택의 연속으로 보고 그것을 변화시킬 수 있다는 생각을 가능하게 해주었다.

이런 맥락에서 선택이란 관념은 직장 생활에서 최선을 다한다는 생각과 종교 사상에 대한 헌신을 관련지으려는 시도에서 처음 나타났다. 이미 17세기 초 영국에는 변함없이 그리스도를 섬기고 공동체에서 쓸모 있는 역할을 감당하면서도 자신의 능력을 십분 발휘해 부유해지고 성공하는 법을 조언하는 책들이 존재했다.[4] 하지만 '자수성가 인물'이란 용어는 스스로가 자수성가한 인물이자 초창기 미국 경제에서 선도적인 역할을 담당한 실업가 헨리 클레이Henry Clay가 만들었다는 설이 일반적이다 (얄궂게도 클레이는 소위 '아메리칸 시스템', 즉 계획경제[명령 경제]command economy의 지지자이기도 했다. 클레이를 비판하는 이들은 그 시스템에서는 개별 노동자들이 훈련받은 유인원 수준으로 전락할 것이라고 주장했다). 벤저민 프랭클린도 자수성가 인물이라는 관념을 신봉했다. 그는 역사적으로 가장 성공한 인물들은 미천하게 태어났고 대개 독학한 인물이었다고 힘주어 말했다. 이들의 특징은 삶의 곤경에 굴하지 않고, 정직하고 가치 있는 목적을 추구하면서 모든 기회를 붙잡는 능력에 있었다. 자수성가 인물이라는 이상에는 자신의 고유한 재능들을 깨달아 실현하면 자연스러운 귀결로 부자가 된다는 신념이 깔려 있었다. 랠프 월도 에머슨Ralph Waldo Emerson은 이렇게 썼다. '세상에다 입에 풀칠하며 근근이 살아가는 삶 이상을 요구하지 않는다면 자기 안에 있는 천재성을 충분히 발휘할 수 없다.'[5]

자수성가형 인간[남성]에 대한 18세기 아메리칸드림은 19세기 하반기 허레이쇼 앨저Horatio Alger의 무일푼에서 부자가 된다는 유명한 출세담들을 뒷받침했다. 이 이야기들에서는 빈민 출신의 구두닦이, 행상, 거리의 악사 등이 존경받는 중산층의 신분에 오른다. 여기서 '자수성가'는 성공의 사다리에 올랐음을 의미한다. 무엇보다도 중요한 것은, 자수성가한 인물은 사회적 제약에서 자유롭다는 점이다. 그는 태어날 때부터 주어진 사회적·경제적 조건들을 순전히 결심과 각고의 노력만으로 넘어설 수 있다. 그는 모든 것을 극복하겠다는 의지로 세상에 맞선다. 여기서 장애물은 그가 자라고 형성되는 데 도움이 될 따름이다. 인간은 모름지기 영웅적 방식을 따라 역경에 맞서 그것을 해결해야 자신과 세상을 진정으로 정복할 수 있는 것이다.

지금까지도 해결되지 않은 오래된 논쟁이 하나 있다. 이는 국가가 시민에 대해, 그리고 시민들이 서로 감당해야 할 의무는 무엇인가에 관한 논쟁으로, 19세기에 절정에 달했다. 문제는 개인이 모든 이의 복리를 고려해야 할 의무가 있는가, 개인의 야심을 무제한으로 허락해도 되는가 였다. '자유방임주의'적 접근을 비판하는 이들은 경제 영역에서 규제 법령과 국가의 적극적 개입이 필요하다고 주장한 반면, 자유무역을 옹호하는 이들은 선의와 각자의 정직함, 그리고 보편적 규범인 도덕적 징벌만으로도 충분한 보호책이 될 수 있다는 신념을 고수했다. 19세기 말에 출간되어 여전히 종교적 논조를 강하게 띠고 있던 일부 자기 계발서는 자수성가 인물은 도덕적 겸양까지 겸비해야 하고, 그의 성공은 그런 겸양을 발견해 사용했음을 입증하는 증거물이라고 지적했다. 또한 실업가에게는 동료, 직원의 복리에 대해 책임이 있음을 강조했고, 한 사람의 두드러진 성공이 다른 많은 이의 실패를 의미할 것이라는 관점을 거부했다. 그래서 낙관론자들은 정직하게 처신하는 한 모든 성공은 더 많은 성공으로 가는 길을 열어 주는 것으로 간주했다.

하지만 칼뱅주의적 노선을 취했던 기독교 자기 계발서들은 독자가 삶의 많은 것을 순순히 받아들이고 단념하게 하도록 애썼다. 즉, 천국에도 자리가 제한되어 있듯이 모두가 세속의 성공을 누리기는 불가능하다는 입장이었다. 그리고 승자와 패자가 있긴 하지만 사실 인간들끼리 서로 싸우는 것이 아니라 각자 자기 내부의 더 낮은 자아와 끊임없이 씨름하고 있는 것이라고 했다.

그러나 20세기로의 전환기에 경제활동에 관해 조언하는 많은 자기 계발서의 논조가 서서히 바뀌었다. 경쟁자를 제거하고 전리품을 차지한다는 관념이 용인된 것이다. 한 사람이 삶에서 성공하고자 할 때는 자기 내부의 자아와 태생적 환경들에 맞서 싸워야 할 뿐만 아니라 성공을 추구하는 다른 이들을 앞지르는 일에도 주의를 집중해야 했다. 그래서 삶의 방향을 결정하는 일은 다윈 이후의 사고방식, 즉 적자생존과 연관되었고, 삶은 가장 강한 자 내지 가장 교활한 자가 성공하는 일종의 전장으로 인식되었다. 20세기 들어 여성이 일터에 진입하게 되면서 자수성가형 인간(남성)에 관한 생각은 또다시 수정되었다. '자수성가' 여성도 가능한 것인가? 만약 그렇다면 오늘날 자수성가 한다는 것은 과연 무엇인가?

오늘날에는 '자수성가'한다는 것이 그리 간단한 일은 아니다. 선진국의 젊은 남성 혹은 여성들이 단순히 사회적·경제적 사다리의 고정된 경로를 따라가기만 하는 것은 아니다. 경쟁에서 살아남는 것, 심지어는 어느 정도 성공해 부를 획득하는 것조차 흔하고 당연한 일로 간주되기 때문이다. 중요한 과제는 자기 창조다. 포스트모던한 전문직들에게는 삶 그 자체가 일종의 예술 창작 활동 혹은 도전적인 기업 경영, 즉 계속해서 개량

하고, 개정하고, 개선해야 할 것이며, 성공은 그것의 가장 완전한 표현이다. 이런 까닭으로 선택에 대한 관념은 근본적으로 바뀌게 되었다. 즉, 삶의 모든 것은 사회가 조장하는 행복과 자기 충족감에 다다르기 위해 조심스레 내려야 하는 결정의 문제가 되었다.

내 삶은 곧 내 기업

우리는 참을성 없는 자본이 지배하는 시대에 살고 있다. 이 시대에는 빨리 수익을 내려는 욕망이 끊이질 않는다. 하지만 모든 리스크를 관리하고 수익을 최대화하라는 압력을 받는 건 비단 기업과 금융기관만이 아니다. 우리 모두 역시 기업처럼 행동하라는 권고를 받는다. 삶의 계획과 목표를 세워라. 장기 투자를 하라. 유연해져라. 인생 사업을 구조 조정하고 이윤을 늘리기 위해 불가피한 리스크를 감수하라.

　한번은 닷컴 버블 시기에 거대 기업을 세운 한 인터넷 기업가가 거품이 꺼진 뒤 열정적인 젊은 직원들을 해고하기가 얼마나 어려웠는지에 대한 이야기를 해주었다. 그에게 유난히 고통스러운 기억으로 남아 있는 대화의 내용은 이랬다. 그가 해고 소식을 전하자 잠깐 동안 젊은 직원은 이내 눈물을 터뜨릴 것처럼 보였다. 하지만 곧 마음을 추스르고 노트를 꺼내더니, 정확히 자신이 무엇을 잘못했는지, 혹시 충분히 열심히 일하지 않은 부분이 있다면 무엇인지, 그리고 특히 어떻게 하면 다음 직장에서 더 잘할 수 있는지를 물어 왔다. 이 젊은 남자 직원이 보인 열성적인 반응에 감동받은 사장은 그의 업무 수행에는 아무런 잘못이 없고, 다만 시장 사정으로 인해 회사가 구조 조정을 할 수밖에 없었다고 힘주어 말했다. 그러나 이 젊은이는 더 자세한 답변과 의견을 달라고 고집했다. 그리고 '스스로 노력해' 다음에는 훨씬 더 나은 직원이 되고 싶어 했다.

얼마 전까지는 해고를 당할 경우 외부 환경을 탓할 공산이 더 컸지만, 지금 우리는 스스로를 평가하고 직장을 유지하는 데 실패한 이유를 계산해 보지 않을 수 없다. 평가는 오늘날 고용 문화에서 가장 많이 오르내리는 유행어다. 영국의 대학교에서는 교수들이 학생, 교과 과정, 학업 동료에 관한 보고서를 쓰는 데 자기 시간의 절반을 들인다. 전 세계 글로벌 기업들에서는 직원이 상사의 평가를 받을 뿐만 아니라 스스로를 평가할 것을 요구받는다. 산업 생산에서 극히 중요한 끊임없는 평가 및 감시 과정은 우리의 행동을 통제하는 방법으로 내면화되었다. 이 자기 평가의 '정확도'는 관리자나 상사의 평가와 비교되기 때문에 그 자체만으로도 상당한 불안을 야기한다.

우리는 실제적인 사회 및 정치 활동에서 멀어질수록 자기 지배에 내몰리게 된다. 또 인생의 진로를 예측하거나 통제하기 어려워질수록 자기 진로를 계획하고 자기 운명을 '지배하고' 자신을 개조하라는 압박을 받게 된다. 직장에서 보내는 시간이 이미 극적으로 늘어났음에도 불구하고 우리는 새로운 유형의 일을 위한 재훈련과 재교육에 참여하고, 외모를 젊고 건강하게 유지하며, 우리의 '천직'이 무엇인지 찾고자 끊임없이 노력해야 한다.

오늘날 성공적인 인생을 살기 위해서는 성공적인 투자가가 되어야 한다. 우리는 주식시장의 논리를 배우고 스스로 자신의 재정 고문이 되어야 할 필요가 있다. 게다가 인생을 투자로 보도록 강요받는다. 인간관계에서 시간과 관심을 '투자'하라는 진부한 이야기가 오래전부터 있긴 했지만 오늘날에는 자녀에게 들이는 시간과 사랑 또한 문자 그대로 투자라고 이야기한다. 제대로 교육만 하면 제대로 된 아이, 즉 부모의 자랑거리가 될 만하고 부모의 못 다 이룬 꿈과 열망을 실현하며 노년의 부모를 재정적으로 뒷받침해 줄 아이가 된다고들 믿는다. 이 관점에서만 보면, 의당 직장 생활에서 빼온 시간과 관심을 그렇게 사용하는 것은 유용해 보인다. 우리는 배우자와 친구에게도 우리의 에너지를 투자한다. 그런 인간관계로 쌓이는 감정에 의지하기 위해서다. 미국의 유명한 결혼 생활 카운슬러 윌러드 F. 할리Willard F. Harley는 최적의 동반자 관계를 구축하기 위해 그런 비축된 감정이 어떻게 기능해야 하는지에 대한 구상을 꼼꼼히 짜 놓았다.

축구를 대단히 좋아하는 남편과, 남편과 오래 산책하는 것을 좋아하는 아내가 있다고 해보자. 지혜로운 부부라면 관계가 견고한 시기에, 비상시를 대비해 감정 저금통에 저축을 해둘 것이다. 예컨대 아내는 축구 보는 게 질색일지라도 남편과 함께 축구를 보고, 남편은 텔레비전 앞에 있고 싶더라도 아내의 산책에 따라나선다. 그러다 위기가 찾아오면 한쪽이 애정을 거두어들이기 시작할 수도 있다. 한쪽이 화가 나서, 배우자와 함께하던 활동에 더는 함께하지 않는 것이다. 이에 따라 사랑 은행에 저축해 둔 감정이 서서히 고갈되다가 바닥나거나 심지어는 적자가 되는 수준에까지 이른다. 그런 위기가 발생할 때 결혼 생활 카운슬러는, 부부가 자신들의 감정 투자 은행을 구조 조정하고 펀드를 보강하는 데 도움을 줄 자신과 같은 조언자의 도움을 구할 필요가 있다고 제안한다.

부부가 함께 시간을 보낼 때 결혼 생활이 더 잘 유지되고,

이를 위해서는 때론 합의가 필요하다는 점을 부인하는 사람은 없을 것이다. 그런데 오늘날의 조언 문화는 사랑과 그런 감정들을 우리가 합리적으로 통제할 수 있는 삶의 요소로 묘사한다. 이는 무의식적 충동과 느낌이 가장 강력하게 영향을 미치는 영역인데도 말이다. 그래서 오늘날에는 이런 무의식적 충동들을 다스리려는 욕망, 본능적 끌림을 통제할 뿐만 아니라 불편한 감정들을 교정하는 방법을 찾으려는 욕망이 존재한다. 삶의 결과가 단순히 선택의 문제이고, 어떻게 살고 싶은지에 대한 결정은 우리에게 달렸다는 생각이 늘 지배적이기 때문에 어떤 삶, 사랑, 성생활을 원하는지는 경력 관리나 휴가 날짜를 정하는 일처럼 쉽게 관리할 수 있는 것으로 간주된다. 대중잡지와 신문은 우리가 가능한 가장 환상적이고 창의적인 섹스를 할수 있어야 하며, 성적 만족을 늘릴 수 있는 새로운 방법들은 셀수 없이 많다는 인상을 심어 준다. 대중매체에서 기인한, 섹스란 것이 어떻게 보이고 들리고 느껴져야 하는지에 관한 지배적인 생각들에 견주어 보면, 우리의 성생활은 단조롭고 평범해보인다. 빅토리아시대에는 성이 터부였다면 오늘날에는 성관계를 맺지 않는 게 거의 터부이고, 사람들은 다른 모든 이들이잡지나 텔레비전에서 그리는 성생활을 한다고 상상하면서 자기 성생활에 관해서는 침묵한다. 이런 믿음은 우리의 부족감을 증가시키는 동시에 방대한 산업을 먹여 살리는 욕망을 더욱 부채질하는 것이다.

현재 선택 이데올로기는 성적 만족의 본질에 관한 우리의 생각에 깊숙이 침투해 있다. 다시 말해 그칠 줄 모르고 더할 나위 없는 성적 만족과 새로운 테크닉의 부단한 활용이라는 문화적 이상에 우리의 애정 생활이 미치지 못할 때에는 그것과 관련해 뭔가 조치를 취해야 한다고 생각한다. 이를테면 애정 생활을 개선하고자 돈과 시간을 들이는 것이다. [허구의 사건을 다큐멘터리 형식으로 표현한] 모크 다큐멘터리mock documentary 〈언스크루드〉 Unscrewed는 성생활을 그렇게 소비자 중심적으로 접근하는 사례를 보여 준다.6 이 영화는 성적 문제를 겪고 있는 젊은 커플을 쫓아다니며 주의 깊게 관찰한다. 연애 관계에서 성적인 만족을 느끼지 못하는 그들은 꺼져 가는 불씨를 되살리고자 가능한 모든 것을 하기로 결정한다. 우선 그들은 비뇨기과 의사와 상담하고, 성관계를 맺기 위한 신체 능력을 점검받고, 일련의 불쾌한 검사를 받은 후에 문제를 해결할 각종 약과 크림을 받는다. 다음으로 그들은 탄트라tantra* 선생에게서 휴식과 이완 기법

---

* 기본적으로는, 성력(性力)을 중심으로 하는 인도 밀교(密敎)의 경전을 의미하

들, 그리고 자기 내면의 성적 자아와 접촉하는 법을 배운다. 세 번째로 그들은 섹스 치료사를 만나 보기로 하는데, 섹스 치료사는 커플이 섹스에 대해 어떻게 생각하는지 상세히 논의하고 싶어 할 뿐만 아니라 실제로 어떻게 섹스를 시작하는지도 보고 싶어 한다. 즉석에서 잠자리가 마련되고, 치료사는 커플에게 보통 어떤 체위로 시작하는지 보여 달라고 한다. 이내 치료사는 시작 체위, 곧 남성 상위 자세가 여성에게는 너무나 고압적으로 느껴진다고 결론짓는다. 그러고는 침실에서 다른 체위를 시도해 보고, 주말을 이용해 다른 환경에서 섹스를 해보라고 조언한다. 놀랍게도 이런 의견은 효과가 있고 여행 중에 커플은 마침내 섹스를 할 수 있게 된다. 하지만 그들은 집으로 돌아와 이별하기로 한다. 이 영화는 사람이 목표를 달성하기 위해 합리적인 선택을 할 수도 있지만, 이와 동시에 무의식적으로는 그것을 피하기 위해 가능한 모든 것을 다하는 과정을 잘 보여 준다. 어쩌면 둘의 관계는 바로 그 성적인 불만족 혹은 해결책을 찾으려는 쌍방의 노력 때문에 유지되었던 것인지도 모른다. 하지만 그런 노력의 현실화, 즉 그것을 찾기 위한 노력을 실제로 기울였을 때

며, 요가, 명상 등과 결합되어 성 문제를 치료하는 요법으로 사용된다.

그들이 얻은 결과는 불만족스러웠다.

상대적으로 성적 만족이 결핍되어 있다는 느낌에 대한 죄책감으로 우리는 성생활을 개선하기 위해 자신과 상대방의 욕망을 조작할 방법을 찾고자 애쓴다. 동시에 우리의 감정을 '어떻게든 조절할' 방법을 찾고자 한다. 선택이란 관념은 감정에 대한 우리의 인식에 깊이 스며들었다. 다시 말해 마치 우리가 어떤 감정을 가질지 말지를 '선택'할 수 있다는 듯이 생각하는 것이다. 특히 우리는 고통스러운 감정들을 없애고자 애쓴다. 〈아마존 닷컴〉에서 '분노'로 검색을 해보면 이 주제를 다루는 서적만 해도 수만 권이 나온다. 베스트셀러 제목들을 훑어보면 분노가 오늘날 우리 사회에서 큰 문제라는 인상을 받게 된다. 셀 수 없이 많은 책들이 분노를 없애는 법을 가르친다. 『분노 관리』 *Anger Management*, 『분노 극복』 *Overcoming Anger*, 『분노를 넘어서』 *Beyond Anger*, 『분노 완전 정복』 *Conquering Anger*, 『분노 버리기』 *Letting Go of Anger*, 『분노 통제』 *Anger Control*, 『분노 치유』 *Healing Anger*, 『분노 다스리기』 *Working with Anger and Taking Charge of Anger*는 이 못마땅한 감정을 다루는 데 도움을 주는 책들 가운데 일부일 뿐이다. 다음 단계는 『당신의 분노를 존중하라』 *Honour your Anger*, 『분노에서 용서로』 *From Anger to Forgiveness*로 넘어가는데, 이를 위해서는 특히 『분노는 선택의 문제』 *Anger is a Choice*라는 점을 깨닫는 것이 중요하다. 그러나 선택이란 관념을 감정의 영역에 끌어들이면 불안감과 죄책감을 가중할 뿐이다. 아무리 이런 책들이 제시하는 기법들을 이용해 불안감을 처리하고자 한다 해도 결국에는 아마도 이 고통스러운 감정, 분노를 극복하지 못해서 우리 자신에게 분노하게 될 것이다. 하지만 분노가 통제하거나 없애야 할 것으로 보일지라도, 사회 변화를 촉발하는 데 없어서는 안 될 감정임을 잊어서는 안 된다. 따라서 분노를 없애려는 시도는 사람들을 길들이고, 그들의 관심을 사회적 문제에서 개인적 문제로 돌리는 또 하나의 방법이라 할 수 있다.

자기 계발

감정뿐만 아니라 인생의 방향까지도 우리가 선택할 수 있다는 인식은 방대한 자기 계발 산업에 기여해 왔다. 1972년에서 2000년 사이 미국에서는 자기 계발서가 엄청나게 증가했다. 이 기간에 33퍼센트에서 50퍼센트가량의 미국인이 자기 계발서를 구입했다. 이 산업은 특히 20세기 말에 빠르게 성장했다. 전미서점협회American Bookseller Association의 발표에 따르면, 1991년과

1996년 사이 5년 동안 자기 계발서 출간이 거의 두 배로 늘어났다.[7] 조지 칼린George Carlin[미국의 코미디언, 영화배우]은 주위 사람들이 남이 쓴 책을 읽고 자기 삶을 바꾸려 하는 점에 주목하면서 이렇게 말했다. '그건 스스로 돕는 것, 자기 계발이 아닙니다. 남의 도움을 받는 것이지요.'

일반적으로 자기 계발서들은 우리가 스스로의 안녕과 사회적 위치에 대해 갖고 있는 불안을 완화하고, 삶의 개선 방법을 제안하기 위한 목적으로 고안된 것이다. 하지만 이런 책들은 사람들의 걱정거리에 대해 가지각색의 일정치 않은 설명과 해결책들을 제시하는 경향이 있다. 예컨대 어떤 자기 계발서는 종교적 신념을 강하게 반영해, 고난에 직면했을 때 더 높은 권위에 복종하고, 모든 것을 있는 그대로 받아들이라고 조언한다. 어떤 자기 계발서는 세계는 우리가 그것을 인식하는 형식대로만 존재하기 때문에 올바르게 사고하면 모든 것을 변화시킬 수 있다고 말한다. 마음을 컴퓨터, 곧 적절한 감정과 행동 양식들을 프로그램화하기만 하면 되는 기제로 묘사하는 책들도 있다. 반면 어떤 이들은 모든 성공이 우주의 창조력과 연관되어 있다고 믿는다. 예를 들어 샥티 거웨인Shakti Gawain*은 물질적 성공을 얻는 법을 이렇게 설명한다. '우주에 귀 기울이는 법을 배우고 그에 따라 행동하면 저절로 돈이 들어오게 되어 있다. 물질적 성공은

쉽게, 아무런 노력 없이도, 즐겁게 이루어질 수 있다. 거기에는 무언가를 희생할 필요가 없기 때문이다.'8

두 차례의 석유 위기를 겪은 1970년대에는 자기 계발서가 흥미로운 방향으로 선회했다. 많은 자기 계발서가 생존survival이 중요하다는 생각, 개인적 능력으로의 방향 전환, 그리고 스스로를 돌볼 필요성 등을 조장하기 시작한 것이다. 또 삶을 전장, '거칠게' 싸워야 살아남을 수 있는 게임, 정글을 통과하는 여정으로 그리기 시작했다.9 독자는 전투원, 경기자, 탐험가 또는 (대개 남들을 제거해야만 얻을 수 있는) 엄청난 보상을 추구하는 여행자로 호명되었다. 보상은 물질적 혹은 정신적 성공이었다. 삶은 도전 과정, 무한 경쟁, 포커 게임이라는 생각, 또 가장 강한 자만이 살아남는다는 생각은 스스로를 피해자로 보지 말라는 힘을 북돋는 메시지와 연관되었다.

피해 의식의 본질에 관한 논의에서 선택이란 관념은, 피해자나 생존자가 되는 것은 우리가 선택할 수 있다는 생각, 또 개

◆ 전 세계적으로 1억만 부 이상 판매된 자기 계발 분야의 고전들을 발표해 온 베스트셀러 작가로, 그녀의 대표작 『간절히 원하면 기적처럼 이루어진다: 믿음의 힘』 (박윤정 옮김, 해토, 2010)은 10여 년간 정신과 치료를 받아 온 자신의 인생 경험을 토대로 내면의 두려움과 불안, 갈등 같은 문제들을 쉽고 단순하게 해결하는 방법을 담고 있다.

인은 자신의 고통을 어떻게 바라보아야 할지 선택할 수 있고, 그것에 관해 무엇을 해야 할지도 결정할 수 있다는 생각으로 이어졌다. 또 자신만이 스스로를 통제할 수 있고, 부정적인 사건과 환경들을 어떻게 바라보아야 할지를 우리가 선택할 수 있다는 많은 자기 계발서의 경구들은, 대개 인생의 방해물을 극복하는 처방을 단계적으로 제시하는 긍정 이데올로기와 연관되었다. 어떤 자기 계발 이론들은 긍정적 행동을 고무하고, 어떤 자기 계발 이론들은 긍정적 사고를 고무한다. 전자의 유형은 대체로 사람들이 실제로 할 수 있는 것에 대한 비현실적 기대를 품게 하고, 후자의 유형은 사고의 힘에 대해 잘못된 희망을 품게 한다. 이 이론들은 개인은 전능하다는 생각을 특정한 방식으로 이용한다. 즉, 한편으로는 전능한 개인이 자신을 둘러싼 세상을 순전히 투지로 변화시키고, 그래서 자신의 안녕을 증진할 수 있다는 생각을 이용한다. 다른 한편으로는 현실 자체를 거부하고, 자신을 둘러싼 현실을 바라보는 방식을 개인이 통제할 수 있으며, 상황을 다르게 봄으로써 상황을 변화시키기까지 할 수 있다는 생각을 이용한다.

이런 위기와 불확실성의 시대에는 긍정의 이데올로기가, 사회적 불평등의 본질을 재고하고, 자본주의에 대한 대안을 찾을 필요를 은폐하는 데 필수적인 역할을 한다. 개인이 자기 운명의 주인이 자신이라고 느끼게 될 때, 또 긍정적 사고가 사회적 부정의의 결과로 겪는 불행에 대한 만병통치약으로 제시될 때 사회 비판은 점점 더 자기비판으로 대체된다.

자기 계발서와 관련해 결정적인 점은, 분명히 효과가 없다는 것이다. 그것을 갈구하는 독자들이 엄청나게 많음에도 불구하고 자기 계발서는 더 행복하고 정신적으로 더 건강한 사회를 만들어 내지 못했다. 그리고 바로 이것이 자기 계발서가 이룬 실제 결과이다. 다시 말해 이런 책들은 불행을 없앤 것이 아니라 오히려 고통은 어디에나 만연해 있다는 생각을 강화했다. 자기 계발서는 보통 사람들이 갖고 있는 셀 수 없이 많은 결점들과 부족함에 관심을 집중시켰고 늘 자기 결함에 노심초사하도록 만들었다. 그래서 우리는 늘 자기 계발을 추구한다. 더 중요한 점은, 이런 방식이 부지불식간에 집단과 개인의 정신적 약점을 건드리는 무수한 기제 중 하나라는 것이다. 우리는 더 잘할 수 있을 텐데 하고 되새김으로써, 늘 부족감을 느끼고 더 잘하고 더 열심히 하고자 애쓰게 된다. '자기 계발'은 자기가 만들어 놓은 기대에 미치지 못해서 더 많은 도움, 더 많은 책, 더 많은 코치를 필요로 하는 사람들에 의존한다.

다시 말해서 '자기 계발'은 그것이 완화한다고 하는 바로 그 부족감과 편집증을 강화한다. 자기 계발은 자급자족적인 시장이다. 서론에서 언급한 제니퍼 니슬라인의 이야기가 보여 주듯이 살 빼는 법부터 좋은 부모 되는 법에 이르기까지 삶의 광범위한 영역에서 우리가 세운 목표들에 관한 한 자기 계발은 죄책감과 불안을 없애는 게 아니라 만들어 내고 있다. 만약 삶이 전장이라면 사람들은 끝없이 전쟁통에 있게 된다. 또 만일 긍정적 사고가 삶을 개선한다면, 모든 부정적 사고에 대해서는 불안해하며 경계해야만 한다. 그리고 모든 것이 개인에게 달렸다면 우리는 치유 과정이 실패할 때 그 누구도 탓할 수 없다.

코치

선택이 후기 산업자본주의의 궁극적 관념으로 고양된 현상의 역설은, 그것이 현재 우리 앞에 놓인 수많은 선택지들을 어떻게 할지, 그리고 끝없이 확장 중인 우리의 욕망을 어떻게 제한할지를 가르쳐 주는 온갖 종류의 새로운 서비스들을 만들어 냈다는 점에 있다. 선택에는 개인이 자신의 삶의 방향을 결정할 자유가 포함되지만, 역설적으로 우리는 이런 자유를 곧잘 단념하고, 상담 받을 권위자를 선택할 능력이 있는 한, 모든 선택지를 다루는 데 도움을 줄 권위자를 찾는다. 우리가 일시적으로 의탁할 수 있는 각종 코치가 급증한 것은 이런 수요에 대한 반응이다. 그런데 코치는 우리가 의지하고, 어떤 방향을 선택할지 물어볼 수 있는 사람으로, 복종을 요구하는 권위자처럼 보이지도 않고 권위적으로 행동하는 것처럼 보이지도 않으며, 오히려 개인이 경청하고자 선택한 자애로운 조력자로 보인다는 점이 중요하다.

'코치'라는 용어는 스포츠 팀을 맡는 사람을 의미할 때만 쓰였지만, 지난 십 년 동안에는 축구 코치가 팀의 수비진을 꾸리는 방식으로 개인의 삶을 지휘할 수 있는 사람도 뜻하게 되었다. 스포츠에서 ('트레이너'와 구분되는) 코치는 선수의 운동 수행 능력을 모든 수준에서 감독한다. 코치는 부모이자 친구이자 치료사이자 치어리더이다. 코치와 선수의 관계가 잘 유지되기 위해서는, 어떤 상황에서든 선수가 자신의 능력을 판단하는 코치의 능력을 온전히 신뢰해야 한다. 따라서 코치는 선수가 자유롭게 선택해 따르는 스승이다. 현대의 삶에서 우리는 코치를 성공 능력을 길러 주는 사람, 또는 우리가 자기 회의에 빠지거나 흔들리고 있다고 느낄 때 그 능력을 회복시켜 줄 사람으로 본다.[10]

코치의 관점에서 주요 목표는 동기부여다. 코치는 현대적 삶의 일부로 널리 퍼진 불안에 응수한다. 하지만 인생을 코치해 준다는 이데올로기는 실존적 위기와 불안이 그저 의지의 결여나 자신감의 문제라고 강조한다. 예컨대 『뉴욕타임스』 기사에서 언급된 한 코치는 자기 학생의 근무 환경에서 무엇이 불안을 유발하는지는 묻지 않고, 학생이 자신의 행동을 바꿀 수 있는 방법에 집중한다.[11] 코치의 궁극적 목표는 학생을 생산자와 소비자라는 전통적 역할에 재통합하는 것이다. 새로운 유형의 사회 통제로서 코치는 개인이 더욱더 자신을 규제하고, 자신을 둘러싼 사회 변화에 끊임없이 적응하도록 고무한다. 스스로를 완벽하게 통제해, 원하는 것을 굳게 결심할 수 있는 사람이라면 누구나 자신의 잠재성을 성취하고 목표를 실현할 수 있을 것이다. 코치의 지도 아래 학생은 삶을 지배할 수 있다고 배운다. 하지만 역설적인 점은, 학생이 코치에게 복종하고, 자신의 환경에 순응하는 법을 코치에게서 배워야만 자기 삶에 대한 지배가 가능해진다는 것이다.

내 집은 바로 나

우리는 자신과 자신의 삶을 개선하고자 노력한다. 그래서 우리를 둘러싼 환경을 이상적인 생활에 가장 적합하게 만들 필요도 있다. 우리는 우리가 살아가는 사회를 변화시킬 능력을 점차 잃어 가고 있기에, 아주 가까이에 있는 환경, 즉 자신의 집을 변화시키려 한다. 사람들은 오랫동안 집을 확장된 자아로 이해해 왔다. 집은 이제 개인적 발전을 나타내는 본질적 부분이기도 하다. 집은 거의 생명체, 인간 주체에 특정한 힘을 행사하는 무엇이다. 집은 우리의 창조적 자아에 영향을 미치는 잠재력을 지닌, [의족, 의수와도 같은] 인공기관으로도 간주된다. 동시에 집은 자아의 거울이자 인큐베이터이다. 우리는 일상에서 어렵지 않게 '당신은 당신의 집입니다'라는 말을 들을 수 있다. '내면의 자아는 그 자아에 적절한 환경을 마련하는 한 충족될 것이다'라는 말은 사람들이 집과 맺고 있는 관계를 또 다른 관점에서 보여 준다. 다소 모순적인 이 관점들은 둘 다 사적 공간에 관한 오늘날의 이데올로기라는 맥락에서는 타당해 보인다.

하지만 '당신의 집은 바로 당신 자신'이라는 주문은, 오늘날 우리에게 온갖 세간, 스타일, 장식물들 가운데서 선택을 해야 한다는 엄청난 부담을 안겨 준다. 또 다른 코치 유형이라 할 수 있는 풍수 관습은 집안일과 관련한 '선택의 독재'를 완화하고 그것을 타인에게 위임하는 방법을 제시한다.

문자 그대로 '바람과 물'을 의미하는 풍수風水는 인간이 주변 환경과 조화를 이루도록 하려는 고대 중국의 가택 환경 조성 기법이다. 풍수에 따르면, 바르게 배치하고, 꾸미고, 설비함으로써 사람들의 일신에 '기'氣가 늘어나고, 이에 따라 건강이 좋아지며, 인간관계가 성장하고, 부·건강·성공을 얻을 기회가 늘어난다. 풍수와 관련해 한 누리집은 이렇게 제안한다. '삶의 공허함을 채우려면, 집에 풍수 관념을 적용해 보세요. 풍수 기법을 공부하는 동안 집을 다르게 바라보게 되고, 또 집의 질을 바꿈으로써 동시에 삶의 질도 개선됩니다.'12 따라서 우리는 이 고대 소프트사이언스를 통해서, 세간을 정돈해 우리의 운명을 미세하게 조정할 수 있다. 풍수 지식에 따르면, 부자가 되고 싶으면 가짜 돈이나 외국 동전 한 통을 자기 방에 두어야 한다. 또 금전적 운과 관련된 곳에 화장실을 두지 않도록 주의해야 한다. 그렇지 않으면 돈이 물처럼 줄줄 샐 수 있기 때문이다. 한 가지 해법은 있다. 변기 뚜껑을 닫아 두라. 벽에 어떤 그림이나 사진을 붙여 놓았는지도 확인해야 한다. 또 다른 풍수 누리집은 이렇게 말한다. "'무일푼 시절"(대학 시절이나 갓 이혼했을 때) 찍은 자기 사진은 걸어 두지 말라. 그런 상황을 다시 겪게

될지도 모른다!'13

간소화[능률화]streamlining와 정리가 부자가 되는 지름길이라는 생각은 최근 선진국에서 다른 형태로 인기를 끌고 있다. 미국에서는 상당한 사례금을 받고 생활 물품 목록을 작성하고 '간소화'해 주는 상담사를 고용할 수 있다. 한 광고에서는 이렇게 조언한다.

집에 있는 모든 물품 하나하나에 대해, 그것이 (1974년에 고장 난) 벽난로 선반의 골동품 시계든 크리스마스에 어머니가 준 반질반질한 신형 제빵기든 간에, 다음과 같이 반드시 자문해야 한다.

· 이 물품이 나를 행복하게 하는가?
· 이것 때문에 나는 집을 더욱 사랑하는가?
· 내가 꿈꾸는 삶에 이것이 있는가?

만약 그렇다면, 좋다. 그대로 두라. 그렇지 않다면 던져 버려라! 버리든지, 가치 있는 행사에 기부하든지, 앞마당에 벼룩시장을 열어 판매하라.

정리가 왜 그렇게 중요한 것일까? 위의 광고를 한 상담가는 다음과 같은 설명을 무료로 해준다(물론 더 정교한 설명은 유료다).

나는 집에서 오랜 시간을 보낼 때마다 견딜 수 없을 정도로 우울해지는 여성과 상담한 적이 있습니다. 그녀의 거실에 함께 앉아 있는 동안 나는 그녀에게 세간 하나하나, 자질구레한 장신구들을 각각 살펴보고 어떤 느낌이 드는지 스스로에게 물어보라고 했지요. 그녀가 우울한 기분이 드는 이유는 거실 구석에 있는 아름답고 또 상당히 비싸기도 한 화병 때문이었습니다. 그녀에게 화병은 끔찍한 이혼의 결과물이었습니다. 하지만 비싼 물건이라 버리면 안 된다는 생각이 들었지요. 화병과 관련한 기억들은, 그녀가 화병이 있는 거실에 있는 내내 그녀의 기운을 빨아들이는 블랙홀이 되어 버렸습니다. 오늘 밤 집을 둘러보고 당신의 기운은 어떤지 주의를 기울여 보십시오. 당신의 일부 감정들이 물건들에 매여 있음에 분명 놀라게 될 것입니다.

그렇다면 슬프거나 우울할 때는 세간에서 해법을 찾아야 한다. 집 단장에 강박적으로 집착하는 행동이 불경기에 급증하는 것은 놀랄 일도 아니다. 경제 위기 시기에는 사람들이 다음과 같은 것들에 관한 텔레비전의 조언에 훨씬 더 의지한다. 집을 저렴하게 다시 꾸미는 법. 집을 구매할지도 모르는 사람들에게 더 매력적으로 보이도록 집을 가꾸는 법. (비록 그저 페인트 덧칠일지라도) 집에 변화를 주어 생활에 흥을 돋우는 법.

선택과 부인

아주 강력하게 선택을 조장하는 이데올로기는 역설적으로 몇 가지 형태의 부인denial을 필요로 한다. 정신분석에서 부인은 개인이 자기 내면의 갈등을 처리하는 데 필수적인 기제로 간주된다. 소비자와 관련해 첫 번째 단계의 부인은 소비에는 제한이 없고 누구나 소비를 추구할 수 있다는 관점과 연관되어 있다. 그런데 두 번째 단계의 부인은 자신이 실제로 얼마나 소비했는지를 부인할 필요, 소비를 하고도 실제로 소비하지 않았다고 인식할 필요와 관련되어 있다. 그래서 절제하지 못하는 소비자는 소비를 하고도 곤란한 결과가 생기지 않으리라는 환상을 만들어 낸다. 즉, 빚을 갚을 필요가 없다고 생각해 버리는 것이다.

소비와 정리를 반복하는 소비자, 또 선택 이데올로기가 조장하는 자기 지배에 노상 실패하는 것으로 보이는 소비자는 보통 끊임없이 의심하며 괴로워하고, 수많은 선택지들 가운데 하나를 선택하더라도 이내 후회를 하게 된다. 이것이 바로 부인이 이런 감정들을 피하는 데 도움이 될 수 있는 이유이다. 이런 맥락에서 손님이 계산대에서 신용카드를 내미는 각기 다른 방식을 살펴볼 필요가 있다. 부유한 구매자는 그 지출이 얼마나 하찮고, 주저할 이유가 없음을 보여 주면서 카드를 무심하게 건넬 것이다. 같은 상황에서 더 세심한 손님이라면 잠시 멈출 것이다. 카드를 건네는 아주 짧은 순간에 다시 카드를 넣을지도 모른다. 카드를 점원에게 건넬 듯 말 듯한 모습도 보이면서 말이다. 또 언젠가는 카드 대금을 갚아야 한다는 생각이 불쑥 들어 고심할 것이다. 그럼에도 대부분의 경우에는 카드를 넘겨주고 걱정을 제쳐 둔다.

부채의 존재를 애써 외면하려는 이런 태도는 금융 위기로 이어진, 지난 수십 년간 지속되어 왔던 우리 소비의 기초였다. 요컨대 지금 사고 나중에 갚으라는 것이다. 소비자가 신용카드를 정리하고 그 최후의 심판을 연기하는 법을 배우는 동안 대형 금융기관들은 결제일은 결코 오지 않으리라는 환상을 대규모로 조장했다. 소비자에게 빚에 대한 이자를 갚기만 하라고 권하던 시기에는, 프랑스 정신분석가 옥타브 마노니Octave Mannoni가 "잘 알고 있지만 그래도……"◆라고 부른 사고방식이 생겨났

◆ 프로이트는 일부 남자아이들이 여성의 성기를 보고 그 여성에게 페니스가 있다고 말하는 것을 설명하고자 '부인'(Verleugnung)이라는 용어를 사용했다. 그에 따르면 성 도착증자는 여성에게 페니스가 없는 것을 알면서도 페니스가 있다는 믿음을 굽히지 않는데, 이렇게 부인하는 이유는 여성의 거세가 사실이라면 자신도 거세될 위협이 있기 때문이다. 도착증자는 자신의 환상을 믿는 동시에 그것이 환상에 불과하다는 것을 깨닫는 과정이 가능하다. 하지만 환상이 환상임을 깨닫는다

다. 이런 자기기만은 아이들이 산타클로스가 존재하지 않는다는 사실을 이성적으로 깨닫는 시기를 훨씬 지나서도 계속 산타클로스에 관한 환상을 품게끔 하는 자기기만과 비슷하다. 소비자는 빚이 있음을 알지만 다 괜찮을 거고 아무튼 그럭저럭 빚을 갚을 수 있을 거라는 환영을 유지하고자 무의식적으로 행동한다.

돈에 관한 이런 고의적 망각은 많은 사람들이 죽음에 관한 관념에 대처하는 방식과 흡사하다. 『뉴욕타임스』는 경제 붕괴의 영향을 보도하면서, 자신들의 연금에 큰 타격을 받은 퇴직자촌 노인들에게서 우울증 비율이 높게 나타나는 현상을 조사했다. 이런 지역사회들에는 애도의 분위기가 감돌았다. 사람들은 마치 누군가 죽은 것처럼 행동했다. 이같이 슬퍼하는 이들을 돕는 심리 치료사 바버라 골드스미스Barbara Goldsmith는 실제로 그들은 죽음을 다루고 있는 중이라고 말한다. '그들의 돈이 죽었다'는 것이다.

우리는 이 같이 경제적 손실과 죽음을 동일시하는 현상을

고 해서 결코 그 증상이 완화되지는 않는다. 이런 부인의 논리를 마노니는 '잘 알고 있지만 그래도……'(Ja sais bien, mais quand même)라는 공식으로 표현했다.

어떻게 이해해야 할까? 대개 우리는 죽음을 모면하고자, 결국은 자식에게 물려 줄 유산에 의지해 먹고살기 위해 돈을 저축한다. (돈에 관한 대화가 끊기지 않도록 우리는 유언장을 작성해 돈을 계속 자기 소유로 묶어 둔다.) 돈은 부식과 쇠락을 막는 대비책, 곧 병, 질환, 고독에 대비하는 보호책으로 인식된다. 하지만 동시에 우리는 죽는다는 것에 개의치 않고 돈을 마구 쓰면서 특별한 향락을 얻는다. 이런 이유로 정신분석학에서 돈은 보통 항문기적 단계 — 우리를 매혹시키는 동시에 두려움을 갖게 하는 숭고한 배변 행위 — 로 인식된다. 그렇지 않다면 도박을 하거나 필요치 않은 물건을 사는 것과 같이 돈을 버리는 행동에서 얻는 커다란 쾌락을 달리 어떻게 이해할 수 있을까?

라스베이거스 카지노에 자주 출입하는 중산층의 행동을 조사한 미국의 심리학자들은 이들에게서 우울증 비율이 높게 나타난다는 점을 발견했다. 이들 대부분은 결국에는 카지노가 늘 이긴다는 것을 이성적으로는 잘 알고 있었고, 자기 경험을 되돌아보면서 대부분 자신이 졌다는 것을 실감하고 있었다. 이들은 대부분이 가족과의 시간이나 취미 활동을 희생해 가며 생계를 위해 장시간 노동을 하던 사람들이었다. 또 쉽게 물건을 구입하지 않는 알뜰족이어서 몇 달러를 아끼려고 기꺼이 먼 거리를 운전해 할인점을 찾았다. 그러나 라스베이거스에서는 주저하지 않고 슬롯머신에 돈을 넣었다. 하지만 하루 일과가 끝나면 다시 짠돌이가 되어 돈을 아끼려고 양껏 먹을 수 있는 싸구려 뷔페식당 앞에 줄을 서서 기다리는 것이다. 애써 돈을 모았다가 다시 날려 버리는 이런 놀이는 우리가 돈에 있다고 생각하는 기이한 특성을 보여 준다. 즉, 돈은 분명 생물이 아닌데도 거듭해서 그것을 죽이고 또 죽이는 과정은 우리가 돈의 힘에 관해 얼마나 잘 모르고 있는지를 보여 준다. 우리는 마치 돈을 날려 버리면 돈이 유발하는 불안이 완화되는 것처럼 행동하고 있는 것이다. 하지만 죄책감은 이내 다시 시작되고, 그래서 우리는 다시 강박적으로 돈을 모으기 시작한다.

기업들은 신중한 행동과 리스크가 큰 행위를 반복하며 이와 마찬가지로 납득하기 힘든 행동을 하고 있다. 나는 대기업 최고 경영자 모임에 초대되어 강연을 하러 간 적이 있다. 주최자들은 나에게 강연이 긍정적이어야 한다고 조언했다. 참석자들이 부정적인 것은 어떤 것이라도 듣기 싫어한다는 것이었다. 모임에서 다른 강연자들의 말을 들으면서 나는 광신적 종교 집단의 일원이 된 것 같은 느낌이 들었다. 최고 경영자들에게는 그들의 미래 소득에 관한 도표가 제시되었고, 도표의 모든 지표는 위쪽을 가리켰다. 요컨대 미래는 환상적일 것이라는 거였다. 심리학자들은 위대한 지도자들의 인격적 특성에 관한 강연을 했고, 여기서도 각각의 특성은 이윤을 늘릴 방안인 것처럼 제시되었다. 황홀경에 도취된 청중은 강연이 끝날 때마다 축구장의 팬처럼 갈채를 보냈다. 부인은 만연해 있었다. 기업 대표들은 만연해 있는 낙관적 분위기를 깨지 않으려고 몸을 사리고 있었다. 참가자들은 맘껏 성공을 자축했고, 향후 이윤이 증가하고 경쟁자들도 추월할 것이라는 데 추호의 의심도 없는 것 같았다.

분명히 우리 세대는 진보에 관한 환영을 토대로 번창해 왔다. 그러는 동안 개인에게는 기회와 가능성이 끝없이 확대될 수 있다는 관념으로 인한 불안감만이 가중됐다. 선택이 더 큰 만족을 가져다준다는 자기 확신에 빠져들수록 실제로 만족감을 느낄 가능성은 줄어들었던 것이다.

불안과 선택

철학자들은 불안과 선택의 연관성을 오랫동안 주목해 왔다. 키르케고르에게 불안은 자유로부터 ─ 즉, 가능성의 가능성을 직면해야 할 때 ─ 나온다. 사르트르는 이에 대해 다음과 같은 주석을 달았다. 심연 앞에 선 개인이 불안한 이유는 자신이 심연으로 떨어질지 모르기 때문이 아니라 스스로 심연에 투신할 자유가 있기 때문이다.

설사 우리가 소비자로서 해야 할 선택들과 우리 삶을 일종의 예술 프로젝트나 잘 굴러가는 사업으로 만들라는 압력에 압도될지라도, 오늘날 문제가 선진국에 속한 우리에게 다양한 선택의 가능성이 열려 있다는 데 있는 것이 아니라는 점을 명심해야 한다. 오히려 문제는 경제학 영역에서 넘어온 합리적 선택이라는 관념이 우리에게 존재하는 유일한 선택 유형으로 미화되어 왔다는 것이다.

오늘날의 소비사회에 깊이 스며든 선택 관념에 대해서는 많은 비판이 있었다. 예컨대 배리 슈워츠Barry Schwartz는 『선택의 심리학』*The Paradox of Choice: Why More is Less*에서 선택지가 더 적은 사람들이 더 행복함을 보여 주는 많은 심리학 연구 사례들을 제시한다.[14] 슈워츠는 소비자의 선택지들이 압도적으로 많아 생기는 불만을 막고자 각종 자기규제 방법을 제안한다. 그의 주장에 따르면 우리는 '제때 선택'해야 하고, 무분별한 선택자picker가 아니라 세심한 선택자chooser가 되어야 하며, '이 정도면 됐다 싶을 정도의 것'에 만족해야 하고, 결정을 했으면 되돌아보지 말아야 한다. 또 감사하는 자세를 기르고, 후회를 줄이고, 적응 방법을 마련해 두고, 기대를 낮추며, 남들과 비교하지 말고, 그리고 특히 '제약을 즐기는 법을 배워야' 한다.

역설적으로 선택 관념은 사실 이미 이런 자기 규제에 대한 권고들과 밀접하게 관련을 맺고 있다. 우리의 삶과 몸을 '정리하는' 법에 관한 모든 조언은 우리가 더 체계적이고 효율적이고 통제력이 있어야 한다는 관념에 기초하고 있다. 또한 자기 규제는 건강하게 사는 법에 관해 조언하는 책들과, 특히 계속 늘어나는 다이어트 산업의 핵심 관념이다. 『나는 프라다보다 44사이즈를 꿈꾼다』 How the Rich Get Thin [전행선 옮김, 다음생각, 2012] 같은 제목을 단 대중 서적들은 (미국의 평범한 젊은 여성이라면 동일시한다는) 뉴욕 상류층 여성들이 어떻게 삶의 모든 것을 완벽하게 계획하고 삶의 모든 양상을 엄격히 관리하는지를 그린다. 그런데 문제는 완벽한 몸과 완벽한 삶을 위해 분투 중인 여성들이 계속해서 "나는 더 잘할 수 있어"라고 생각하게 되고, 그러면서 끊임없이 새로운 금지들을 만들어 내고 있다는 점이다.

선택 이데올로기가 해방적으로 보이는 것은, 그것이 가능성은 많고도 다양하다는 관념에 기대고 있기 때문이다. 선택이 넘쳐 나는 시기에는 옛 제약들이 사라진다 해도, 새로운 자기 금지들이 재빨리 그 자리를 차지하기 마련이다. 이같이 금지의 속성이 변화한 사례는 이미 과거에도 있었다. 성혁명 이후 여성들에게 성적으로 조신하게 행동함으로써 남성들의 욕망을 자극할 것을 충고하는 새로운 데이트 규칙과 더불어, 새로운 순결 운동이 등장했던 것이 그 예이다.

그러나 역설은, 사람들이 대개 새로운 자기 금지들을 만들어 낸다 하더라도, 배리 슈워츠가 제안한 새로운 유형의 **합리적인** 자기 규제 방안들로는 만들어 낼 수 없다는 것이다. 정신분석은 대개 사람들이 쾌락을 극대화하고 고통을 최소화하기 위해 직접적으로 또 계획적으로 행동하지는 않음을 보여 주었다. 흔히 사람들은 어떤 것이 해롭다는 것을 이성적으로는 알지만, 그것을 중단하지 못하거나 그 고통에서 일종의 만족을 얻는다. 어떤 사람들은 이성적으로는 더 행복하게 살고 싶다고 주장할 수도 있지만, 무의식의 수준에서는 그 반대의 것에 훨씬 더 끌리는 것으로 보인다.

선택이 그런 개인적 문제로 보일지라도, 사람들이 선택을 내리는 방식은 타인과 관계를 구축하는 방식이나 자신에 대한 타인의 시선에 대해 스스로가 생각하는 방식과 본질적으로 연관되어 있다. 따라서 사람들은 자신의 배경과 분리된 형태의 자기 규제를 만들어 내는 게 아니다. 사람들의 선택은 그들이 올바른 선택이라고 인식하는 사회적 가치가 무엇이냐와 깊은 관련을 맺고 있다. 이것은 역설적으로 새롭게 등장한 자수성가형 인간형이 유명인의 문화를 모델로 삼는 이유를 설명해 준다. 즉, 한편으로는 완전히 자유롭게 무에서 정체성을 만들어 낼 수 있는 개인으로 불리지만, 다른 한편으로는 대개 유명인의 삶에서 가져온 임의적이고 대중적인 모델을 따르는 것이다. 이는 후기 자본주의 시대에 개인이 사회적 이상형과 동일시하는 방식이 크게 변화했으며, 오늘날 사람들이 (자신들에 의해 선택받거나 혹은 임명된) 권위자들과 동일시하는 방식, 그리고 전체 사회 내에서 스스로를 인식하는 방식에 어떤 변화가 일어났는지를 보여 준다.

2

타인의 시선으로 하는 선택

서구 사회에서는 정체성, 성적 지향, 종교를 선택할 수 있다. 우리는 아이를 가질지 말지도 선택할 수 있다. 성형수술도 할 수 있고, 심지어는 젠더까지 바꿀 수 있다. 하지만 우리의 모든 것이 우연적·가변적이라면 우리 안의 무엇이 선택을 내린다고 할 수 있을까? 우리에 관한 모든 것이 마음대로 선택할 수 있는 것이라면 우리는 과연 뭐가 되는 걸까?

한번은 법학 대학원생들과 정체성 선택을 주제로 토론한 적이 있었다. 그중 한 학생이 오늘날과 같은 포스트모던한 시대에 자신은 수많은 정체성들을 완전히 자유자재로 활용하고 다닌다고 고집스럽게 이야기했다. 심지어 그는 그것이 규칙에 대한 복종이라 할지라도 자신이 정체성과 관련해 일상적으로 내리는 다양한 선택들 가운데 하나일 뿐이라고 했다. 예컨대, 사회적으로 금지되어 있는 것을 어느 정도까지 준수할지는, 자신이 그때 일시적으로 어떤 정체성을 선택하고 있는지에 달려 있다는 것이다. 그는 아침에 법률 사무소로 출근할 때는 공원 가장자리의 '출입 금지' 표지를 잘 지키는 반면, 오후에 퇴근해 청바지를 입고 있을 때는 대개 지키지 않으려 한다고 했다. 또 자유 시간인 저녁에는 인터넷에서 각양각색의 정체성들을 자유롭게 선택할 수 있다고도 했다. 이를테면 무슬림인 체하며 무슬림 토론방에 참여할 수도 있고, 때로는 게이인 척하며 게이 인터넷 사이트에 들락거리기도 하고, 때로는 여성이나 외국인인 체하는 것이다.

민족 정체성과 관련해서도 나는 비슷한 사람을 만난 적이 있다. 영국에서 공부 중이던 젊은 인류학자 안누Annu를 처음 만났을 때 나는 그녀가 인도에서 태어났지만, 가족은 원래 프랑스 출신이라는 이야기를 들었다. 이후 부모도 만났다. 외모로 보건대 두 분 다 분명 인도인으로 보였다. 어머니는 큰 키에 검은 피부, 긴 검은 머리에 사리를 입고 있었다. 이마에는 결혼한 힌두 여성임을 나타내는 붉은 점 틸라크가 있었다. 아버지도 검은 머리여서 당연히 인도인으로 보였다. 두 분 모두 힌디어

억양이 섞인 영어를 썼다. 나는 두 분이 캘커타에서 온 지 얼마 안됐다고도 했고, 거기 산다고 했기 때문에, 그들이 분명 인도인이며 아마도 젊은 시절 잠깐 프랑스에 있었던 것이겠지 생각했다. 하지만 부부가 인도인이 되기로 선택했다는 안누의 이야기를 듣고는 깜짝 놀랐다. 두 분 모두 프랑스에서 태어나 자랐고 1970년대에 서구식 삶에 질려 인도로 이주했던 것이다. 인도에서 부부는 인도 문화와 생활양식을 받아들여 전통 의복을 입고 힌디어를 쓰고 현지인 가정들처럼 자녀를 길렀다. 이들은 서구 자본주의에서 탈출하긴 했지만, 선택이란 관념에 대한 서구적 사고는 여전히 간직하고 있었던 것이다. 이들이 인도 사회에 동화된 것은 이주자 대부분의 경우와 같이 경제적 필요의 문제가 아니라 매력적으로 다가온 생활양식을 선택하는 문제였다.

비록 정체성 선택이 처음에는 자기 창조라는 전적으로 자율적인 행동으로 보일 수도 있지만 보통은 다른 많은 요인에 따라 결정된다. 2004년에 영국의 텔레비전 방송 〈빅 브라더〉 *Big Brother*◆의

◆ 일정 기간 외부 세상과 단절된 채 텔레비전 카메라의 감시를 받는 집에서 24시간 함께 생활하는 동거인들을 보여 주는 형식의 리얼리티 프로그램. 약 세 달 동안 십여 명이 참가하는데, 정기적인 축출 투표를 거쳐 최종까지 남은 사람이 상금을 획

우승자 중 한 명인 나디아 알마다Nadia Almada는 자신이 트랜스젠더 여성임을 밝혔다. 그녀는 우승 소식을 듣고 이렇게 말했다. '이제야 제가 여성으로 인정받네요.' 그녀는 전과는 완전히 다른 자신을 만들겠다는 꿈을 성취했고 이는 시청자들의 마음을 사로잡았다. 나디아 알마다는 자기 변신self-transformation으로 자기 창조 관념을 체현했던 것이다. 하지만 그녀가 텔레비전 경쟁 프로그램에 참가했다는 사실과 사람들에게서 여성으로 인정받아 기뻐한 것을 돌아보면 우리 자신이 누구인지를 규정하기 위해서는 우리가 자유롭게 내린 선택들을 지지해 주는 타인들이 얼마나 많이 필요한지를 확인할 수 있다.

선택과 타인

영국의 정신분석가 대리언 리더Darian Leader의 『여자에겐 보내지 않은 편지가 있다』Why Do Women Write More Letters Than They Post? 에

득한다. 네덜란드에서 시작되어 세계 여러 나라에서 다양한 버전으로 방영되었다.

따르면, 일반적으로 여성은 쇼핑할 때 다른 여성에게는 없을 옷을 사려 하지만 반대로 남성은 다른 모든 남성들이 가지고 있을 법한 옷을 산다.[1] 오늘날에는 남녀 모두 이와 유사한 진퇴양난의 상황에 처해 있다. 즉, 고유한 존재가 되라는 권고를 받으면서도 동시에 이 고유한 개인은 어떻게 보여야 하는지, 직장과 이력은 어떠해야 하는지, 특히 어떤 유명인을 닮아야 하는지에 관한 처방도 상세히 받고 있다.

텔레비전 쇼 〈유명인의 얼굴을 닮고 싶어요〉 *I Want a Famous Face*는 좋아하는 유명인과 닮고자 성형수술을 받기로 마음먹은 사람들을 보여 준다.[2] 구성이 다소 덜 극적인 〈파격 변신〉 *Extreme Makeover*은 성형수술을 더 나은 삶으로 가는 궁극의 길로 제시하고 참가자들이 찬란한 자기 변신을 위해 모든 단계를 밟아 나가는 과정을 보여 준다. 참가자들은 변신을 거치면 대개 다른 사람처럼 보인다. 그들은 그저 다르게 보이길 원하는 게 아니다. 남들이 자신을 다르게 보길 원하는 것이다. 예컨대 한 에피소드에서 여성인 멜리사는 고등학교 동창회에 참석하기 위해 전과는 다르게 보이고 싶어 한다. 외모 탓에 학교에서 놀림을 받았던 터라 이제는 설욕하고 싶었던 것이다.[3] 그녀에게 새로운 몸을 가진다는 것은 왕따를 당했던 십대 시절의 외상과 분노를 해소하는 해법이었다. 오늘날 정신분석가들은 '자신을 재

창조하고 싶다'는 사람들에게서 이 같은 빠르고 극적인 변화를 원한다는 요구를 날마다 듣는다. 물론 정신분석의 목적은 변화를 바라는 환자의 요구에 응하는 게 아니라 그런 욕망 이면에 놓인 것을 이해하도록 돕는 것이다. 하지만 미용성형은 환자의 요구에 대한 해법으로 제시되어 왔고, 즉각적이고도 모든 것을 아우르는 변화를 약속하는 무소불위의 과학이 되었다.

어떤 이는 자신의 정체성을 표현하기에는 자기 몸이 적합하지 않다고 느낄 수 있고 그래서 끊임없이 몸을 고치고 싶어 한다. 이는 살아가면서 갖게 되는 다른 정체성들과 관련해서도 마찬가지다. 정체성을 형성해 가는 과정에서 중대한 문제는, 예컨대 자신이 교사, 아버지, 남편, 또는 음악가라고 말하는 데서 일시적으로 위안을 구한다는 것이다. 하지만 이 정체성 중 어떤 것도 그가 실제로 누구인지 전부를 말해 주지는 못한다. 인간은 '자기만의 모습을 찾고자' 아무리 애쓴다 하더라도 반드시 실패하기 마련인데, 외적 정체성으로 쉽게 규정할 수 없는 무언가가 자기 안에 늘 존재하기 때문이다. 자아ego(인간의 자기 인식)*는 구조가 아주 불안정하고, 무의식적 충동drive과 욕망**

---

* 프로이트에게 자아(ego)는 이드(id), 초자아(superego)와 함께 인간 정신 구조

에 쉽게 휩쓸린다. 인간은 이 충동들을 잠시나마 억누르고 자신이 유능하고 합리적인 주체라고 느낄 수 있지만, 결국 그런 충동들은 기이한 행동이나 말실수, 심지어는 병으로 나타나기

를 구성하는 것으로, 이드의 충동과 초자아의 명령, 그리고 외부 세계의 요구 사이에서 중재하고 조정하는 역할을 한다. 반면 라캉에게 자아는 거울 단계에서 거울상과 동일시함으로써 생긴 구조여서, 주체가 자기 자신에게서 소외되는 장소다. 자아는 주체에 반대되는 상상적인 형성물인 반면, 주체는 상징계의 산물이다. 이렇게 자아를 '환영의 자리'로 보는 라캉은 자아의 강화를 정신분석 치료의 목표로 보는 자아심리학에 비판적이다. 이 책에서는 타인 혹은 자기 외부의 대상과 구별되는 '자기 자신'을 의미하는 self 역시 맥락에 따라 자아로 번역했지만, ego일 경우 원어를 병기해 구분했다.

◆◆ 배고픔과 같은 생물학적인 욕구(need)를 젖을 달라는 울음 혹은 언어로 표명하는 것을 요구(demand)라 하는데, 이는 욕구를 요구하는 것과 사랑을 요구하는 것으로 나뉜다. 전자의 욕구는 충족이 가능하지만 후자의 경우 충족이 불가능한데, 이렇게 충족되지 않은 채로 남아 있는 잔여가 바로 욕망(desire)이다. 욕망은 존재의 결여를 본질로 하며, 그 대상을 '대상 a'라 한다.

라캉에 따르면, 인간의 욕망은 타자의 욕망으로, 인간은 타자가 욕망하는 것을, 타자가 욕망하는 방식으로 욕망한다. 충동(drive)은 이런 욕망의 부분적 분출이다. 욕망의 대상은 대상 a지만 충동은 여러 가지 부분 충동들(구강 충동, 항문 충동, 시각 충동, 청각 충동)로 표현된다. 프로이트는 심리적인 것과 육체적인 것의 경계 개념으로 충동을 정의하고 리비도 경제학의 관점에서 충동의 역동성을 설명하는데, 라캉은 충동을 상징계와 연관시키며 모든 충동은 잠재적으로 죽음 충동이라고 말한다[김석, 『프로이트 & 라캉: 무의식에로의 초대』(김영사, 2010), 219-221쪽; 딜런 에반스, 『라깡 정신분석 사전』(김종주 옮김, 인간사랑, 2004), 273-284쪽 참조]. 이 책에서는 impulse와 drive 모두 충동으로 번역했고, drive일 경우에만 원어를 병기해 구분했다.

마련이다. 사람들이 다른 누군가의 정체성을 모방해 정체성을 형성할 수 있다는 인식은 오늘날 사회에서 특정한 문제들을 야기해 왔다.

유명인 숭배

누구나 마음먹고 전념만 한다면 유명하고 화려한 삶을 성취할 수 있다는 메시지는 많은 이들에게 인생의 본질적인 부분들을 버리고 실현 불가능한 환상을 쫓도록 만들었다. 예컨대 러시아의 테니스 선수 안나 쿠르니코바Anna Kournikova와 마리아 샤라포바Maria Sharapova가 굉장한 성공을 거둔 뒤로는 러시아 전역의 시골 마을에 테니스 코트가 생기기 시작했다. 가난한 부모들은 어린 딸이 챔피언, 스타, 역할 모델이 될지도 모른다는 꿈에 혹했다. 이들 중 대다수는 시간과 돈을 엄청나게 희생해 — 간혹 어떤 이들은 전 재산을 쏟아부어 — 자녀에게 강도 높은 훈련을 시켰다.[4] 그렇지만 이들이 아무리 열심히 훈련한다 하더라도 테니스 스타가 될 가능성은 거의 없다. 한 연구 조사에 따르면, 미국에서 어린이 만 명 중 한 명만이 대학에서 체육 특기자

장학금을 받고,5 만 명 중 여섯 명만이 프로 선수가 될 기회를 얻는다.6 하지만 딸이 제2의 샤라포바가 될 가능성은 극히 낮다는 이야기를 러시아의 부모들이 듣는다 하더라도 대부분은 포기하지 않을 것이다. 세레나 윌리엄스Serena Williams는 1999년에 전미 오픈 테니스 선수권 대회에서 처음으로 우승했을 때 이렇게 말했다. '이건 아버지의 꿈이었는데 이제는 제 것이에요.' 젊은 테니스 선수가 정상에 이르면, 스타 반열에 오른 선수들의 꿈이 본래 제 것이 아니라 부모로부터 왔다는 사실이 곧잘 밝혀진다. 스포츠 업계나 연예계 마케팅에서는 모든 사람들이 사회적 제약에 굴하지 않고 스타가 되도록 노력해야 한다는 생각을 지속적으로 주입한다. 하지만 대부분의 경우 그 꿈은 두 가지 측면에서 개인적 선택과는 동떨어져 있다. 첫째는 그 꿈이 선수가 아니라 선수 부모에게서 시작되었다는 점이고, 둘째는 그 야망이 기성의 성공을 본보기로 만들어진다는 점이다. 이를테면 러시아의 어린 여성 테니스 선수들에게는 마리아 샤라포바의 성공이 그런 본보기가 될 것이다.

순전히 개인적 선택이라 생각하는 것이 대개는 타인의 인식과 영향 여하에 달려 있음을 받아들이는 건 힘든 일일 수 있다. 우리는 스스로를 완벽히 통제할 수 있고, 또 자신이 전적으로 자율적인 존재라고 믿고 싶어 한다. 하지만 동시에 우리는 충분히 알지 못한다는, 또는 충분한 정보를 바탕으로 선택을 내릴 수 있을 만큼 적절한 지식을 구비하지 못했다는 생각에 끊임없이 괴로워한다. 그래서 권위자에게 조언을 들을 때조차 그 조언이 의미 있는지, 적절한지 의심한다.

제이크 햄펀Jake Halpern은 『유명인 중독자들: 미국의 유명인 중독 이면에 숨겨진 진실』Fame Junkies: The Hidden Truths behind America's Favorite Addiction에서 유명인들의 개인 비서들이 어떻게 정체성을 발달시키게 되는지를 살펴본다. 이들은 정체성 형성 과정에서 그들의 상사인 유명인으로부터 강력한 영향을 받는데, 이는 보통 매우 혼란스러운 과정이다.[7] 초반에 이들은 자신의 유명한 고용주와 동거 동락하다시피 하며 점차 독립된 개인으로서의 자기 정체성을 잃어 가기 시작한다. 첫 번째 위기는 비서가 고용인에게서 잠시 떨어져 시간을 보내야 할 때 찾아온다. 상실 감과 더불어 자신이 보잘 것 없는 존재라는 공포감이 밀려오는 것이다. 머잖아 비서는 아무도 자기 이름을 알지 못한다는 사실을 깨닫는다. 일을 그만둘 때 그녀는 고용주라는 강력한 존재[와의 관계]를 끊어야 한다. 한편으로 그녀는 유명인의 일부였던 자신의 지위를 잃어버리게 되었음을 실감하지만, 다른 한편으로는 일하는 동안 자신이 평범한 자기 삶을 얼마나 희생했는지를 처음으로 깨닫게 된다. 오랜 친구들은 연락이 끊겼고 가족은 소원해졌으며 앞으로 무엇을 할 수 있을지도 알 수 없게 된 것이다.

유명인의 비서에게 요구되는 것은 광신적 종교 집단의 일원에게 요구되는 것과 유사하다. 핼펀은 이렇게 지적한다. '유명인의 비서와 광신적 종교 집단의 일원은 자신이 중요한 존재라고 느끼게 되며 — 위대한 이들을 보좌하면서 권력에 너무 가까워진 그들은 권력을 거의 볼 수 있고 만질 수 있을 것처럼 느끼기도 한다 — 이는 중독적이다.'[8] 하지만 대가는 크다. 광신적 종교 집단의 교주와 유명인은 탐욕스럽기로 유명하기 때문이다. 핼펀은 이렇게 결론짓는다. '우리는 그들의 이름이 붙은 옷을 입고, 그들과 관련된 상품들은 모조리 구입하며, 그들을 따라다니고, 그들에 관해 쉴 새 없이 떠들지만, 우리가 얻는 것은 기껏해야 그들의 가장자리에서 맴돌며 느끼는 약간의 들뜬 기분뿐이다.'[9]

그러나 역할 모델로 삼은 사람과의 동일시는 결코 단순한 사안이 아니며 부모와 같은 좀 더 전통적인 권위자에 대한 우리의 태도를 반영하는 것일 수도 있다. 우리는 어떤 수준에서는 부모를 사랑하고 존경할지 모르지만 그들의 허물을 들추기도 한다. 특히 나이가 들어갈수록 더 그렇다. 마찬가지로 우리는 유명인들을 떠받들다가도 그들의 콧대를 꺾어 버리고 그들

역시 우리와 다를 바 없는 평범한 일반인임을 들추어낸다. 대중잡지 『US 위클리』는 유명인을 친근하고 이웃 같은 현실의 사람으로 나타내고자 애쓴다. 예컨대 한 지면의 제목은 이렇다. '스타, 우리와 다르지 않아요!' '우리 독자들은 제니퍼 애니스톤Jennifer Aniston을 친한 친구로 생각해요.' 이 잡지의 편집자는 이렇게 말한다. '젠Jen[제니퍼 애니스톤의 애칭]은 텔레비전 드라마 〈프렌즈〉Friends에서 모두의 절친이 되었고, 최근에는 브래드Brad[브래드 피트]와 헤어지고 나서 정신적 외상이 아주 심해요.' 이 덕에 잡지 판매 부수는 늘었을까? '물론이죠!'[10] 이 잡지는 스타 이름의 약칭(젠)을 사용해 그녀도 우리와 다를 바 없다는, 유명인들도 다른 모든 사람들처럼 같은 문제로 고민하는 그저 평범한 사람이라는 인상을 심어 준다. 사람들이 대중매체에 불가피하게 노출된다는 사실을 고려해 보면, 모든 사람들은 그런 (거짓) 친밀함 때문에 자신도 유명인이 될 수 있다는 결론을 보다 쉽게 도출하게 된다. 이런 이유로 유명인 되기는 누구에게나 가능한 선택지가 된다.

유명인과 동일시하려는 욕망은 오스트리아 철학자 로버트 팔러Robert Pfaller가 명명한 '상호 수동성'interpassivity 개념을 도입해 보면 좀 더 복합적인 측면을 이해할 수 있다.[11] 상호 수동성은 개인과 그 개인을 대신해 무언가를 경험해 주는 대리인[대응

물]proxy 사이에서 일어난다. 가령 세르비아에서는 상을 치르는 사람들이 대신 애도해 줄 여성들을 고용해 장례식장에서 곡哭을 하게 한다. 불교도에게는 자신을 대신해 기도해 주는 마니차praying mills*가 있다. 마찬가지로 사람들은 결코 보지 않을 영화를 녹화하는데, 어떤 의미에서는 녹화기가 그들을 대신해 영화를 봐주기 때문이다.

유명인을 예로 들자면, 어떤 이들은 동일시하는 유명인들을 흉내 내며 별나게 행동하는 반면, 어떤 이들에게 유명인은 그런 행동을 대신해 주는 대리인 역할을 하기 때문에 팬은 그렇게 행동할 필요가 없다. 후자의 경우는 팬이 그런 행동과 연관된 어떤 위험에 대해서도 책임질 필요 없이 유명인의 과도한 행동이 주는 흥분과 전율을 간접적으로 즐길 수 있는 것이다. 따라서 유명인과 동일시하기는 대개의 경우 그대로 따라 하기가 아니다. 오히려 일종의 거리 두기가 그 특징이다. 어린 소녀는 분명 패리스 힐튼의 패션 스타일을 따라 하면서도 [무분별하고 방탕한] 생활 방식은 따라 하지 않을 것이다. 즉, 패리스 힐튼

◆ 라마 불교의 두루마리 경전을 넣어 둔 원통형 법구(法具)로, 문맹이어서 경전을 읽을 수 없었던 티베트 인들은 이것을 돌리면 경전을 읽는 것과 똑같은 효과가 있다고 믿었다.

이 대리인으로 화끈하고 매력적이지만 위험하기도 한 삶을 살아 주기에 어린 소녀는 그렇게 살 필요가 없는 것이다.

그러나 동일시는 다른 누군가와 비슷하게 보이는 것만을 의미하는 게 아니라 이상적인 자아를 형성하는 것과도 관련되어 있다. 어떤 이상(형)에 집착하게 될 경우 우리는 반드시 그것에 미치지 못한 데 대한 정신적 외상으로 고통을 겪게 된다. 연구자 로리 네이버스Lori Neighbors와 제프리 숍Jeffrey Sob은 결혼을 평균 6개월 앞둔 약혼 여성 272명을 대상으로 다이어트 유형을 연구했다. 이 가운데 70퍼센트는 약 10킬로그램 이상을 감량하고자 했고, 20퍼센트는 살이 찌지 않도록 몸무게를 수시로 확인하고 기록했다. 두 연구자는 이렇게 썼다. '이들은 자기 몸[관리]을 프로젝트로 간주한다. …… 프로젝트의 결과가 가장 좋길 바라는 날 중 하나는 결혼식 당일이다.'12 예비 신부들은 끼니를 거르고 유동식과 단식을 계속했으며 설사약이나 비처방 다이어트 알약 및 [비타민 등과 같은] 보충제를 복용했다. 이들은 이런 극심한 고통을 계속 겪어야 한다 하더라도, 또 결혼식 뒤에는 원래 몸무게로 돌아간다 하더라도, 결혼식 바로 그 당일만은 정말 완벽한 순간으로 만들려는 의지가 확고했다. 신부에게는 결혼사진 속의 완벽한 몸의 이미지가 자신의 이상적 자아로 동일시할 수 있는 궁극의 증거물로 남을 것이기 때문이다.

나의 몸은 나의 책임

궁극적으로 '자기 자신'이 되고자 이상적인 몸을 추구하는 행위에는 뜻밖의 위험이 따르고 실패가 되풀이되며 이에 따라 죄책감이 늘어난다. 자기 계발을 쉴 새 없이 반복하면 악순환으로 불안도 급증한다. 선구적인 자기 계발서 『소중한 것을 먼저 하라』First Things First[김경섭 옮김, 김영사, 2002]와 『성공하는 사람들의 일곱 가지 습관』The Seven Habits of Highly Effective People[김경섭 옮김, 김영사, 2003]의 저자 스티븐 코비Stephen Covey는 오늘날에는 단지 결혼하고 취업하는 것만으로는 충분하지 않고 결혼할 만한, 고용할 만한 존재가 되어야 한다고 지적한다. 사회관계에서 배제되지 않고 직장과 결혼 시장에서 성공하려면 누구나 끊임없이 자기 자신(몸, 경력, 정체성 등)을 가꿔야 한다. 이런 맥락에서 우리는 건강조차도 매매할 수 있는 상품으로 인식하게 되었고, 이는 선진국에서 의료 서비스가 운용되는 방식에 영향을 미쳐 왔다. 현재 의료 서비스에서는 선택과 자기 지배라는 관념을 예찬한다. 의사는 더는 권위자를 자처하며 환자에게 가장 좋은 치료법을 권하지 않는다. 요즘은 그저 환자에게 선택지들을 고지하고 환자가 결정하도록 하거나 동의(또는 거부)를 표하게 하는 경우가 흔하다.[13] 의사의 처방에 대한 전문 지식도 없고 훈련도 받지 못한 환자가, 그것에 대한 설명을 듣고 이에 대해 동의를 한다는 것[고지에 입각한 동의]informed consent은 요식적인 행위일 수 있으며, 상황이 잘못됐을 때 책임과 소송을 회피하기 위한 일종의 속임수가 될 수도 있다. 게다가 심각한 질병이 생겼을 때 어떤 치료를 받고 싶은지 직접 선택하고 싶어 하는 사람이 과연 얼마나 될까? 선택의 자유가 추상적인 수준에서는 호소력 있어 보일지 모르지만 사태가 심각해지면 사람들은 누군가 ― 전문 지식을 갖춘 권위자 ― 가 대신 선택해 주길 바란다. 배리 슈워츠가 보고한 바에 따르면, 건강한 집단에게, 만약 암 진단을 받을 경우 치료 방법을 직접 고르겠는가 라고 묻자 65퍼센트가 그렇다고 답했다. 반면, 실제 암 환자 가운데 직접 선택하길 원한다고 답한 이들은 12퍼센트에 불과했다.[14]

현재 우리는 DIY[Do It Yourself(스스로 하라)의 약어] 윤리를 몸에도 적용하고 있다. 그렇지만 우리가 자기 몸에 대한 책임과 통제를 스스로 떠맡으려 할수록 질병이나 허약함, 병원 치료와 같은 문제들은 점점 더 괴로운 일이 된다. 건강 문제는 궁극적으로 개인의 잘못이 되고 있다. 직장을 떠나기 전에 새로운 직장을 구하지 못했다는 이유로 실직에 대해 죄책감을 느끼는 회사원처럼, 환자는 병을 예방하지 못했다는 이유로 죄책감을 느낀다. 우리는 심지어 '스트레스를 관리'하면 된다고 이야기한다!

그리고 병이 나아질 기미가 보이지 않으면, 다른 부분 — 자기 치유self-healing — 에 실패했다며 죄책감을 느끼는 것이다.[15]

자기 치유 이데올로기가 많은 나라에서 정치인들이 공공 의료 서비스를 민영화하기 시작한 시기에 급격히 번성했다는 것은 놀랄 일이 아니다. 많은 이들이 의료 기관에서 받는 치료에 점점 더 불만족을 느끼고 있었고, 동시에 이들 가운데 갈수록 더 비싸지는 민영 의료 서비스를 감당할 수 있는 사람은 앞으로 더 줄어들 것이라는 점도 분명해지고 있었다. 자기 치유 이데올로기는 건강에 대한 책임, 심지어는 병을 치료하는 힘까지 스스로에게 달렸다는 생각을 조장하는 동시에 새로운 유형의 각종 산업들도 발전시킨다. 내면의 치유력과 조우하는 신기한 방법들을 제시하는 소위 뉴에이지 의료 전문가health guru들이 넘쳐 나고 있는 것도 바로 이런 이유에서다.

병과 관련해, 자기 치유 이데올로기는 어떤 초자연적인 — 또는 비과학적인 — 힘이 몸에서 작동하고 있다는 환상, 그리고 그런 힘이 병을 낫게 할 수 있다는 환상으로 귀결되는 경우가 많다. 심신이 아주 약해지면 우리는 찾을 수 있는 모든 설명과 도움을 구하기 마련이다. 몇 년 전 암에 대한 공포와 싸우던 영국의 한 인류학자는 병원에서 소규모로 인류학적 조사를 해 보기로 마음먹고는 처지가 비슷한 환자들에게 본인들이 앓는 병을 어떻게 생각하는지 물어보았다. 그는 사람들이 병들면 대번에 각종 미신적 관습을 따른다는 사실에 깜짝 놀랐다. 예컨대 어떤 환자는, 꽤 배운 사람이었는데도, 배변을 통해 장암을 제거할 수 있다고 믿었다. 암세포를 없애려고 자기 오줌을 마신 환자도 있었고, 종양은 없다고 마음속으로 상상하면서 종양이 없어지기를 바라는 환자도 있었다.

병에 대한 사람들의 반응은 흔히 다양한 주술적 형태를 보여 왔다. 전염병 같은 질병, 심지어는 에이즈도 신이 내린 벌로 인식되어 왔고, 그 치료법에는 정화 의례가 포함되는 게 보통이었다. 예를 들어 일부 아프리카 지역에서는 처녀와 성관계를 맺으면 에이즈를 치료할 수 있다고 생각한다.

우리가 선택의 자유를 내세우면서 동시에 책임을 져줄 더 높은 권위자를 갈구하는 것은 그리 놀랄 일이 아니다. 불안할 때 — 선택은 늘 불안 요소를 수반하고 있기 때문에(놀랍게도 이는 우리가 맹신으로 얻게 될 것이 아니라 잃게 될 것과 관련되어 있다. 이에 대해서는 다음 장들에서 설명할 것이다) — 우리는 보통 책임을 맡아줄 누군가 혹은 무엇을 찾는다. 우리는 불안감이 진정되길 바라면서 종교 지도자나 자칭 의료 전문가들, 심지어는 점성술사와의 상담을 선택할 수도 있다.[16]

캐나다 보건부는 불확실성에 따른 스트레스가 그 자체로 위험 요인임을 공인하고 의료 체계에 몇 가지 근본적인 변화를 주었다. 첫째, 보건 의료 당국이 수술 대기자 명단을 의사들한테 맡겨서는 안 된다는 연구 결과에 입각해 보건 당국이 병원 대기자 명단을 관리하기로 했다. 연구에 따르면 의사들은 늘 긴 대기자 명단으로 스케줄을 꽉 찬 상태로 유지하는 등 자신들[의 명성]에게 유리한 방향으로 대기자 명단을 이용할 공산이 크다. 요컨대 의사에게 긴 대기자 목록이란 [환자들에게 자신이] 선망의 대상임을 나타내는 표시인 것이다. 하지만 환자의 입장에서 보면 그것은 공황 상태를 유발할 수도 있는 일이다. 연구에 따르면 환자들은 제때 치료 받을 수 없다고 생각될 경우, 새치기 같은 일이 전혀 없음에도 불구하고, 증상이 악화되었다. 시스템이 공정하고, (절대적으로 위급한 상황을 제외하고는) 대기자 명단이 투명하고 엄격하게 관리된다고 믿을 수 있을 경우, 환자들은 증상이 악화되지 않은 채로 기다릴 수 있을 것이다. 또 환자들이 정기검진과 수술 전 상담을 받을 수 있고, 상태가 악화될 때는 즉각 치료를 받을 수 있다는 확신을 가질 수 있을 경우, 불안으로 인한 피해는 최소화할 수 있을 것이다. 이런 연구 결과에 따라 캐나다 정부는 대기자 명단을 관리하는 독립적인 지역 기관을 설립하고, 인터넷에서 명단을 열람할 수 있도록 조처했다. 그 결과 환자들의 건강과 행복이 눈에 띄게 좋아졌다. 캐나다 사람들은 효율적인 공공 의료 체계가 국민적 자부심의 원천이 될 수 있다는 것도 깨달았다. 결국 캐나다 정치인들은 기업들에게 공공 의료 체계가 기업의 이익에도 도움이 된다고 납득시킬 수 있었다. 미국은 그 반대다. 미국에서는 기업들이 직원의 의료보험비를 대는 데 막대한 돈을 쓴다(미국인은 의료 혜택을 따져 직장을 옮기는 경우도 흔하다). 전 국민 의료보험을 반대하는 이들이 줄곧 민영화를 조장하고 있는 미국에서는 자신이 이용할 수 있는 의료보험을 선택할 수 있지만, 이로 말미암아 대부분의 삶에 상당 수준의 불안을 초래하고 있다.

대타자와 선택

정부가 대기자 명단을 정한다는 간단한 사실이 불안을 줄일 수 있는 이유는 무엇일까? 누군가가 책임을 맡아 줄 때, 즉 권위자(예컨대 코치)가 우리에게 무엇을 선택해야 할지를 일러 줄 때 왜 마음이 편해지는 것일까?

선택이 무엇인지에 대한 인식은 사회적 환경에 따라 달라진다. 개인이 선택을 내리는 방식은 타인이 어떤 선택을 내리는

지에 영향을 받을 뿐만 아니라 선택이 사회에서 의미하는 바에도 영향을 받는다. 라캉주의 정신분석가들은 언어, 제도, 문화 ― 우리가 살아가는 사회적 공간을 총체적으로 구성하는 모든 것 ― 를 명시하고자 '대타자'Big Other라는 용어를 도입했다. 이 같은 [사회적] 공간은 우리 삶 전체에 걸쳐 우리를 규정한다. 우리는 그것을 상당히 일관적이고 상징으로 가득 찬 무엇으로 상상하면서 그것에 관한 자신의 고유한 인식을 만들어 낸다. 그리고 우리는 같은 사회적 환경에서 살고 있는 사람들과 그것에 대한 인식을 공유한다.

대타자란 무엇인가, 그리고 그것은 어떻게 기능하는가에 관한 우리의 인식은 시간이 흐르면서 변한다. 우리는 그것이 일관적이지 않다고 불평하고, 무언가 잘못되고 있는지도 모른다는 온갖 환상을 꾸며 낸다. 현대사회를 살아가면서 차라리 누가 대신 내려 줬으면 하는 선택(이를테면 전기회사 선택)을 강요받고 있다고 불평하면서도, 사람들은 흔히 통제하고 책임지고 있는 사람이 한 명도 없는 것 같다는 불안, 혹은 기업과 같은 더 큰 실체가 이미 모든 결정을 내렸을지 모른다는 불안에 직면한다. 바꿔 말하자면 사람들은 대타자에 대해 염려한다. 라캉주의자들은 대타자는 사실 존재하지 않는다고 생각한다. 우리가 살아가고 있는 상징적 질서는 일관적이지 않고 그 틈gap*이 뚜

렷하기 때문이다. 사실 대타자는 실체가 없다. 그럼에도 라캉의 가장 중요한 관찰은, 비록 대타자가 존재하지 않는다 하더라도 마치 존재하는 것처럼 기능한다는 것이다. 왜냐하면 대타자가 존재한다는 사람들의 믿음이, 그들이 삶을 이해하는 방식에서 필수적이기 때문이다. 우리는 정체성과 관련해 적어도 일시적인 안정성을 구하고자 우리가 살아가는 사회적 공간이 일관적이라는 환상 시나리오를 만들어 낸다.

선택이란 행위는 정신적 외상을 초래하는데, 바로 그 이유는 우리를 지켜봐 주는 대타자가 없기 때문이다. 선택은 늘 맹신이다. 우리가 스스로를 옭아매는 기제들에 자족하려고 애쓸 때 우리가 하고 있는 행위란 오로지 대타자를 '선택하는' 것이다. 즉, 우리는 선택으로 인한 불안을 덜어 주는 상징적 구조를 만들어 내고 있는 것이다. 별점이나 카리스마적인 정치인 혹은 모든 행동을 지켜봐 주는 신을 믿을 때 우리가 하고 있는 행위가 바로 그런 것이다. 대타자의 존재, 바로 그것은 늘 우리가 '선택한 것', 우리의 환상이다. 대타자를 만들어 냄으로써 우리

◆ 상징계에 뚫린 구멍, 틈새를 의미한다. 실재(계)가 모습을 드러내는 틈이자, 불완전, 분열을 견디지 못하는 주체가 상상계를 통해 메우려고 하는 틈이기도 하다.

는 선택하지 않기 — 내 선택을 남에게 맡기기 — 라는 선택지를 선택한다.

사람들이 대타자를 경험하는 양상은 각양각색일 수 있다. 신경증자는 대타자에 대해 많이 의심하고 못 미더워 하며 불만을 가질 수 있지만, 정신병 환자는 대타자를 위협적인 존재로 보고, 어떤 목소리들이 자신을 괴롭히고 있다거나 보이지 않는 존재가 몰래 따라다닌다고 믿을 것이다.◆ 여성 신경증자라면,

---

◆ 라캉 정신분석에서 말하는 정신 구조 세 가지는 정신병, 신경증, 도착증이다. 정신병은 '아버지의 이름'이란 기표가 폐제된 결과다. 즉, 오이디푸스콤플렉스의 극복 과정에서 '아버지의 이름'이 자리 잡지 못해 상징계가 정상적으로 작동하지 못하고 이를 상상계가 대신한다. 자신이 여성이 되어 가고 박해를 받는다는 망상에 시달린 슈레버 판사 사례가 그 예다.
신경증은 정신병과 달리 '아버지의 이름'을 받아들이고 상징계로 들어오면서 억압 때문에 형성되는 것으로, 사실상 말하는 주체의 보편적 구조다. 라캉은 프로이트가 신경증과 정상의 차이를 구조적 차이가 아닌 양적인 차이로 규정한 관점을 계승해 정상, 비정상의 대립을 거부하면서 신경증을 정신 구조의 하나로 제시한다. 신경증의 하위 범주는 히스테리와 강박증으로, 그 차이는 결여를 대하는 태도에 있다. 히스테리증자는 타자의 욕망에 초점을 맞추어 타자의 욕망을 통해 자신의 욕망을 보면서 결여에 대처하고자 한다. 반면 강박증 환자는 본질상 불가능한 욕망을 꿈꾸면서 자신의 자리를 욕망 속에서 유지하고자 한다.
도착증은 거세를 인정하지 않는 부인에서 비롯되는데, 부인이 생기는 것은 오이디푸스콤플렉스의 극복 과정에서 보이는 상상적 남근에 대한 과도한 집착 때문이다. 도착증자는 어머니의 거세 현실을 부인하면서 거세를 보충하고 감춰 줄 대상들에 자신을 동일시한다(김석, 『에크리: 라캉으로 이끄는 마법의 문자들』, 살림, 2007,

책임을 맡고 있는 사람이 한 사람도 없고 상사는 사기꾼이며 남편은 무능하고 정치인은 부패했으며 사회를 단결시키는 권위체가 하나도 없다고 끊임없이 불평할지도 모른다. 신경증자는 책임을 맡고 있는 사람이 사실 한 사람도 없다고 혹은 당국 같은 권위체가 무력하다고 염려하지만, 정신병 환자는 권위체의 권력이 위협적이라고 불평한다. 남성 정신병 환자라면, 상사가 자신을 따라다니며 아이디어를 훔치고 신은 자신과 소통하며 비밀 메시지를 보낸다고 혹은 정치인들은 음모를 꾸며 자신의 존재 자체를 위협하고 있다고 주장할지 모른다. 신경증자는 대타자가 충분히 일관적이고 강력한 완전체로 존재하지 않는다는 게 신경이 쓰인다. 이 비일관성을 해결하고자 신경증자들은 흔히 책임을 맡고 있는 것 같은(그래서 일관적인 대타자인 것 같은) 지배자를 찾는 일종의 게임을 하는 동시에 그 지배자의 권위를 침식하고자 애쓴다. 반면 정신병 환자들에게 그런 걱정은 없다. 흔히 확신이 넘치는 그들은 대타자는 무엇인가에 관한 확고한 인식이 있다. 그들에게 대타자란 위협적인 시선 혹은 뇌리를 떠나지 않는 목소리다. 그런 투사 projection*에 사로잡힌 정신병 환

221-235쪽).

자는 자신에게만 특별한 권력을 행사하는 물질적 실체로서의 대타자 때문에 사회적 공간 바깥에 머물게 된다.

최근 대타자에 관한 우리의 인식이 어떻게 변해 왔는가에 대한 논쟁이 있었다. 이는 자본주의의 기제들이 변화해 생긴 결과일까? 아니면 지난 몇 십 년간 거대 서사들이 쇠락해서, 즉 국가와 교회와 민족의 권위가 약해져서 나타난 결과일까? 우리가 선택을 어려워하는 것은 이런 변화들 탓일까? 지배적인 선택 이데올로기가 대타자에게 일어난 더 큰 변화의 일부라면, 이 변화는 사람들에게 어떻게 영향을 미칠까?

십 년 전 프랑스의 법 이론가 피에르 르장드르Pierre Legendre는 다음과 같이 파국을 예견했다. '우리는 초근대적인ultramodern 문화의 핵심에 자리 잡고 있는 것이 순전히 법이라는 점을 이해하지 못한다. 전형적으로 유럽적인 이 관념은 일종의 원자적 결합[유대]atomic bond을 함의하며, 이런 결합의 해체는 그와 더불어 다음 세대에 상징계the symbolic◆가 붕괴하는 위험을 초래한

◆ 받아들일 수 없는 충동이나 생각을 외부 세계로 옮기는 방어적 정신 과정이다. 프로이트에 따르면, 편집증 환자 슈레버 판사는 자신의 성적·공격적 느낌을 신에게 투사해 신에게 박해받는다는 망상에 시달렸다.

◆ 상징계, 상상계(the imaginary), 실재계(the real)는 라캉 정신분석의 세 가지

다.'[17] 정신분석학을 참조하면서 르장드르는 주체가 언어 체계에 들어가면 분리 작용이 수반된다고 지적했다. 이 분리는 우선 유아가 자신을 주로 돌보는 이(보통은 어머니)에게서 분리되는 것으로 이해할 수 있지만, 이 분리는 또한 말speech을 통한 금지의 내면화 — 달리 말하자면 문화를 매개로 법이 전달되는 것 — 를 수반한다. 이와 함께 모든 분리는 공백을 표상하는 간극écart을 수반한다.◆ 이 분리 작용들 때문에 사회와 주체는 부

기본 범주를 구성한다. '상징적인 것', '상상적인 것', '실재'로도 번역한다. 상징계는 인간의 의식적·무의식적 활동을 규율하는 영역으로 언어, 법, 문화의 세계를 지칭한다. 상상계는 생후 6개월에서 18개월 사이의 어린아이가 거울에 비친 자기 모습을 보고 환호하는 거울 단계와 연관된 개념으로, 이미지를 매개로 구성되는 주체의 현실 세계를 의미한다. 실재계는 상징계가 주체의 의미 세계인 현실로부터 배제한 부분으로, 상징화를 벗어나는 영역, 언어에 의해 포획되기 이전의 세계를 말한다. 토니 마이어스(Tony Myers)가 제시한 예에 따르면, 상징계에서 우리가 경험하는 산이란 등고선, 등산, 산사태, 국립공원 등의 여러 이미지 및 언어를 매개로 경험하는 것이다. 반면 실재계에서 산(이라는 불리는 것)을 경험할 수 있다면 언어란 매개 없이, 관념의 연상 없이, 산과 관련해 알고 있는 지식의 렌즈를 거치지 않은 상태에서 날것 그대로 그것을 경험하는 것이다.

◆ 상상계에서 아이는 상상적 오인으로 자신과 어머니를 하나로 볼 뿐만 아니라 세상과 자신이 일체라고 본다. 하지만 상징계에 진입하면, 모든 것이 파편화돼 있고 자아와 일체를 이루는 통일감은 찾아볼 수 없다. 이는 언어가 대상을 명확히 지시할 수 없기 때문, 즉 언어와 대상 사이에는 간극(écart)이 존재하기 때문이다. 또 대타자 역시 언어에 의해 규정된 존재, 즉 거세된 존재이기 때문이다. 인간은 자신의 욕망을 찾아가는 과정에서 대타자 자체가 공백(emptiness), 텅 비어 있음(void)을

정성의 범주를 다루는 방법을 강구해야 한다.[18]

이런 맥락에서 다음과 같은 질문이 제기되었다. 서구 문화는 사람들이 자신의 삶에서 느끼는 상실감을 완화하고자 주체를 끊임없는 향락 속으로 밀어 넣는 동시에, '주체에게 제한을 가하는 제도의 시행'뿐만 아니라 부정성의 범주도 포기한 것인가?

우리가 제한 없는 세계에 살고 있다고 말하는 르장드르 같은 철학자들, 혹은 점점 더 많은 사람들이 사회적 금지들을 내면화하지 않고 살게 되었다고 이야기하는 정신분석가들,[19] 혹은 삶에서 너무 많은 선택들 때문에 사람들이 점점 불안정과 불행을 느끼고 있다고 주장하는 사회학자들의 말을 참고해 볼 때, 이는 어떤 의미일까? 우리는 정말로 제한 없는 세계에 살고 있을까? 이 질문에 답하기 전에 제한이 의미하는 바를 설명할 필요가 있다.

라캉 이론의 초석 중 하나는, 우리는 말을 배움으로써 상징적 거세 과정을 겪고, 이후 결여가 영원히 우리를 특징짓는다는 것이다. 거세의 대행자agent는 언어 자체다. 말하는 존재가 될

알게 되고 결국 자신도 비어 있다는 참을 수 없는 사실과 마주한다. 요컨대 인간은 자신과 세계를 충만하고 완벽한 것으로 오인했던 상상계에서와는 달리 상징계에서 이런 공백이나 무(無), 즉 부정성(negativity)들과 마주하게 되는 것이다.

때 우리에게는 근본적인 변화가 생긴다. '자연적' 행동은 훨씬 더 복잡해지고, 우리의 존재 자체가 시원적 주이상스jouissance, 즉 행복에 겨운 언어 이전의 향락enjoyment이 결여된 상태에 놓이게 되는 것이다.[20] 돌연 우리는 원하는 것을 얻기 위해 언어를 사용해야 하고, 그 이후에는 생명 활동과는 별 관련이 없지만 우리의 안녕에 근본적인 영향을 미치는 욕망desire과 충동drive들도 다루어야 한다. 우리가 태어나면서 접하는 언어와 문화는 이내 우리의 지평을 넓히는 방법이 될 뿐만 아니라 애초에는 자연적인 충동이었던 것들을 제한하고 금지하는 공간이 된다. 우리가 마주치는 금지 중 하나는 주요 보호자와의 친밀한(근친상간적) 유대에 대한 금지다. 가부장적 환경에서 이 금지는 흔히 아버지를 통해 전해진다. 하지만 금지는 어머니와 아이의 친밀한 관계를 제약하는 '안 돼!'라는 단순한 말에서 생기는 게 아니다. 아이에게 금지가 주입되는 데 아버지 자신은 존재할 필요조차 없다. 왜냐하면 금지가 어머니(또는 다른 주된 보호자)가 아이에게 말을 건넬 때 사용하는 바로 그 담론의 일부라는 점이 결정적이기 때문이다. 그래서 라캉은 상징적 법을 나타낼 때 '아버지의 이름'Name-of-the-Father이란 용어를 사용한다.

개인을 특징짓는 결여가 어떤 본질적인 주이상스의 상실로 인식된다 하더라도 결여는 사실 주체성의 초석이다. 개인은 결여를 특징으로 하기 때문에, 상실된 향락을 구현하고 그 결여를 보상해 주리라고 생각하는 대상을 되찾고자 끊임없이 노력할 것이다. 그래서 인간은 결여를 특징으로 한다는 그 사실이 바로 사람들을 계속 욕망하게끔 하는 엔진이다. 따라서 우리는 만족을 주리라고 희망하는 것 — 예컨대 파트너, 아이, 혹은 단순한 소비재 — 을 끝없이 추구한다. 그리고 대개는 우리가 선택한 것들에 만족하지 못한다. 하지만 동시에 우리는 남들은 우리가 추구하는 주이상스를 경험하고 있다고 느끼고 결국 부러움이나 질투를 느끼게 된다.

이 결여를 다룰 때 개인은 또 다른 일련의 문제에 마주친다. 요컨대 대타자 자체도 결여되어 있다는 것이다. 또한 사회적 상징 질서도 일관적이지 않다. 마찬가지로 타인들도 결여를 특징으로 한다. 이와 같이 개인의 요구를 들어 주고 또 대타자에게 그/녀가 어떤 종류의 대상인지 대답해 줄 수 있는 일관적인 대타자란 없다. 그래서 개인은 끊임없이 타인의 말의 행간을 해석하고 판독하며 타인의 제스처가 어떤 의미인지 추측한다. 요컨대 개인에게 가장 불안을 야기하는 딜레마는 대타자의 욕망에 비추어 자신이 어떻게 보이는가가 된다.

이런 것들은 모두 사람들과 사회적 상징 질서 양자 모두에게 공통된 특징인 결여와 관련해 누구나 갖고 있는 일반적인 걱정거리다. 그렇다면 오늘날의 자본주의에서는 뭔가 변화한 것이 있을까?

1970년대 초 라캉은 선진 자본주의사회에서는 사람들이 사회 세계를 다른 방식으로 사고한다고 주장했다. 이런 '자본주의 담론' 속에서 우리는 스스로를 주인으로 생각하게 되었다. 우리는 스스로를 책임지고 있을 뿐만 아니라 상실된 주이상스를 어떻게든 되찾을 수 있다고 믿는다.[21]

그렇다면 이 모든 권력이 함의하는 바는 무엇일까? 첫째, 우리는 더는 자신의 이력이나 혈통에 종속되지 않는 것처럼 보이며, 따라서 우리를 특징짓는다고 하는 모든 표지에서 자유롭다는 것이다. 우리는 만족을 줄 대상들뿐만 아니라 삶의 전체적인 방향도 스스로 선택할 수 있다고 생각한다. 달리 말하자면 우리는 자신의 특정한 자아를 선택한다. 둘째, 우리는 마치 올바른 선택을 내리면 이 항상 찰나적이며 상실된 주이상스에 실제로 가까이 갈 수 있는 것처럼 행동한다. 그리하여 주체는 원하는 대로 삶을 이끌어 갈 수 있고 또 결국에는 만족을 가져다줄 욕망의 대상들 및 그것들과 관련한 주이상스를 찾아낼 수 있는 전능한 존재라는 인식이 출현한다. 행복은 우리들 안에 있는 것으로 보이고 그래서 행복은 우리가 힘써 붙잡기만 하면 되는 것이다.

라캉은 이 '자본주의 담론'이 거세에 대한 거부 혹은 거세의 폐제를 나타내는 것은 아닌지 궁리했다. 이 폐제는 사회가 모든 제한을 폐기하고 무제한의 주이상스로 나아갈 때 생긴다. 법의 지배를 확고히 하는 상징적 아버지가 더는 없는 것이다. 하지만 어떤 대가를 치르더라도 주이상스를 얻으려는 충동drive 은 온갖 중독, 광증, 과용 — 알코올 중독, 약물 중독, 마약 중독, 쇼핑 중독, 일중독 — 으로 이어진다.[22] 자본주의는 노예를 해방해 소비자로 만들지만, 무제한적 소비의 결말은 스스로를 소비해 버리는 소비자가 될 것이다.

이런 비관적인 사고방식은 자본주의가 실제로 주체성의 본질에 영향을 미치는가라는 논쟁을 촉발했다. 자본주의사회의 사람들은 새로운 심리적 증상들을 겪고 있을까? 사회적 금지의 본질 자체와, 상징적 질서에 대한 우리의 인식이 근본적으로 변화해서 선진 자본주의사회에서 정신병이 증가하고 심각해진 것일까?

대타자는 어떻게 변화해 왔는가?

프랑스 정신분석가 샤를 멜망Charles Melman은 대타자에 관한 오늘날의 인식 변화가 세계는 합리적으로 구성되어 있다는 가정과 관련되어 있다고 본다.[23] 그의 주장에 따르면, 합리적 세계에 대한 믿음은 대타자에 대한 사고뿐만 아니라 세계가 예측 불가능하며 그것을 일관되게 유지하는 거대한 틀은 존재하지 않는다는 상상의 가능성을 박탈한다.

십여 년 전 프랑스 정신분석가 자크-알랭 밀레Jacques-Alain Miller와 에릭 로랑Eric Laurent은 더는 대타자가 존재하지 않는다고 추론하고, 윤리 위원회들에 대한 우리의 강박을 그 증거로 제시했다.[24] 과학의 진보는 많은 해답을 제시하기도 했지만 그만큼 많은 의문을 야기해 왔고, 우리는 이런 답을 제시하는 어떤 권위도 더는 신뢰하지 않는다. 그래서 우리는 임시 특별 기구들 — 예를 들면 대타자의 비일관성을 다루도록 고안된 윤리 위원회들 — 을 만들어 낸다. 물론 이런 기구들도 늘 비일관성을 보인다.

그런데 우리는 우리가 살아가고 있는 사회질서의 구조 변화에 관심을 가질 필요가 있을까? 프랑스 철학자 다니-로베르 뒤푸르Dany-Robert Dufour는 이를 중요한 사안으로 보고 대타자에 대한 인식의 역사를 추적했다. 문화들은 저마다 언제나 특수한 자기 기원의 흔적들을 파악하고자 애쓰는 주체들을 형성한다는 프로이트의 가정에서 출발한 뒤푸르는 이것이 '사람들이 대타자를 그리고, 노래하고, 형체와 목소리를 부여하고, 무대에 올리고, 표상하는(심지어는 표상할 수 없는 것에 대해서도 초월적인 표상을 부여하는) 이유'라고 주장한다.[25] 대타자는 우리를 위해 우리 스스로 유지할 수 없는 것을 유지해 주며, 따라서 우리가 형성되는 토대가 되어 준다. 그래서 우리의 역사는 늘 대타자의 역사, 더 정확히 말해 대타자의 이미지들인 것이다. 뒤푸르는 더 나아가 주체는 늘 대타자에 종속된 주체이며, 대타자는 과거에 일종의 대주체big Subject의 형태로 — 신이나 왕에서부터 자연 원리와 '인민'에 이르기까지 — 다양한 형태를 취해 왔다고 지적한다. 서구 역사가 전개되어 오면서 개별 주체와 이 대주체의 차이는 작아졌다. 뒤푸르는 계몽주의 시대 초반에 개인이 자신의 준거를 바로 자신에게서 찾게 되었다고 본다. 바로 이때부터 주체는 자기 존재를 확인하는 데 더는 외부의 존재Being — 신, 나라, 혈통 — 를 참조하지 않았고 어떤 면에서는 자기 자신이 자기 고유의 기원이 되었다. 근대성과 더불어 다양한 대주체들이 출현했다. 이는 교회 권력의 쇠퇴와 엄청난 과학적 진보와 관련되어 있다. 이와 더불어 인간 주체는 점점 더 그 자신과 관련해 탈중심화되었다.

뒤푸르는 탈근대 사회에는 더는 상징적 대타자, 즉 주체가 요구를 표명하고 문제나 이의를 제기할 수 있는 '권위'가 되는 불완전한 실체는 없다고 결론짓는다. 그런 사회에서는 시장이 대타자가 된다. 오늘날 어떤 이들은 자본주의는 새로운 형태의 종교가 되리라는 발터 벤야민Walter Benjamin의 예견을 이어받아, 시장이 신이 되었다고 주장한다. 근래의 경제 위기가 발생하기 전에는 자유 시장경제라는 신조에 반대하는 이들에게는 죄다 이단이라는 딱지가 붙었기 때문이다.

현재 인간 주체는 영구히 탈중심화되어 있다. 주체를 둘러싼 상징적 공간은 항상 아노미 상태이고 분산되어 있다. 그래서 탈근대성 논의들은 거대 담론들과 신뢰할 만한 권위들이 사라졌다는 데 초점을 맞춰 왔다. 개인주의는 주체가 점차 자신을 자기 창조자로 인식하는 새로운 단계에 도달했다.

후기 자본주의의 문제들

분명 우리의 자기 인식은 변해 왔고 대타자에 대한 인식도 마찬가지다. 그런데 앞서 검토한, 자기 창조를 조장하는 경향이 심리적 문제들이 늘어난 원인, 특히 정신병이 증가한 원인이라고 말할 수 있을까? 일부 정신분석가들의 주장처럼 말이다.

라캉주의 정신분석에서 정신병 환자들은 대부분의 사람들이 준수하는 사회의 금지들을 준수하지 않는 이들이다. 정신병 환자가 양육되는 과정에서는 소위 '아버지의 이름', 곧 사회의 상징적 법이 폐제되었고 '거세'가 작동되지 않았다. 정신병 환자들은 현실에 대해 고유의 관점을 견지하고 있다. 또한 프로이트의 유명한 공식처럼, 사회의 일원이 되려면 무언가를 포기해야 한다는 것에도 동의하지 않았다.

오늘날 프랑스 정신분석가들은 소위 '촉발되지 않은 정신병'non-triggered psychosis 사례들이 점점 증가하고 있다고 주장한다. 이 사례들에서는 일반적으로 정신병을 나타내는 섬망 상태가 전혀 없다. 이런 사례들을 설명하고자 폴란드 태생 정신분석가 헬렌 도이치Helene Deutsch의 소위 '마치~인양'as if 성격이라는 개념이 다시 사용되고 있다. 이 성격은 보통 '경계선 성격장애'borderline personality disorders로도 불린다. '마치~인양' 성격은, 프로이트의 환자 다니엘 파울 슈레버Daniel Paul Schreber(그는 자신이 여자로 변하고 있다고 믿었다)가 겪은 유형 같이 상당히 진행된 정신병은 나타나지 않을 수 있지만 그럼에도 기저에 언뜻 파악이

안 되는 정신병적 심리 구조의 징후들을 보이는 사람을 지칭할 때 쓴다. 일부 분석가들은 이런 사례들을 '평범한 정신병'ordinary psychosis이나 '무색의 정신병'white psychosis으로 부른다.

이런 사람들이 신경증자와 구별되는 점은 의심하지 않고 살아간다는 것이다.

화려한 인생 이력을 지닌 한 남성 환자의 이야기는 이를 잘 보여 주는 사례다. 이 남성은 젊었을 때 유명한 기업에서 일하는 변호사와 친구가 되었다. 그러다가 자신도 변호사로서 성공했다. 이후에는 거리에서 한 선원을 만났고 그를 따라 상선商船을 탔다. 또 우연히 사업가를 만나 이내 본인도 사업가가 되었고, 큰 성공을 거두었다. 슈레버와는 다르게 이 남성은 특정한 사건으로 촉발되는 망상적 형태의 정신병을 겪지는 않았다. 그의 정신병은 일련의 성공적인 동일시였다. 그는 단지 타인을 모방하는 데 그치지 않고 이런 강력한 동일시를 통해 자신의 삶 전체를 변화시켰다. 이런 변화에 대한 눈에 띄는 불안이나 의심을 조금도 느끼지 않고서 말이다. 모든 게 다 성공적이었는데 정신분석을 받을 필요를 느낀 이유가 무엇이냐고 담당 정신분석가가 묻자 그는 왠지 그래야만 할 것 같은 생각이 들었다면서 이렇게 대답했다. '아내가 그러라고 했어요.' 정신분석을 받는 와중에도 그는 매우 순종적이고 착실한 환자 노릇을 충실히 수행했다. 또다시 가장 친밀한 사람과 자신을 동일시하려는 단계에 있었기 때문이다.

1956년 라캉은 '마치~인양'을 상상적 보상 기제로 규정했다. '마치~인양'의 성격을 지닌 사람들은 모방을 하는 경향이 있다. 그들은 정체성에 문제가 있을 수도 있다. 이를테면 정체성이 뒤섞이거나 자신과 똑같은 사람의 환영을 보는 경우다. 정신병 환자의 한 가지 특징은 모방mimicry에 대한 강박이다. 일련의 상상들에 따라 자기 자신을 만들고서는 그 즉시 버리고 또다시 바로 타인과 자신을 강하게 동일시를 하는 것이다. 정신병은 강하게 동일시하는 사람과의 관계가 틀어지기 전까지는 촉발되지 않는 경우가 많다. 예컨대 [나중에는 정신병의 징후를 보인] 어떤 한 소년이 학창 시절에는 명시적인 정신병 징후를 조금도 보이지 않을 수 있는데, 이는 그가 모방하는 가까운 친구와 강하게 밀착되어 있기 때문이다. 위기는 이 친구가 떠날 때, 가령 다른 마을로 전학할 때 발생한다. 이에 따라 동일시가 끝나고 정신병적 쇠약이 촉발될 수 있다. 요컨대 소년의 정신병적 구조는 이미 작동하고 있었더라도 외상적 사건을 계기로 망상의 징후들이나 정신이상 행동을 보일 때까지는 가시적으로 드러나지 않는 것이다.

정신병적 쇠약은 특정한 관계의 상징적 속성이 변화할 때도 생길 수 있다. 각별히 강한 유대를 맺고 있던 남매의 관계에서 누이가 결혼했을 때가 그런 예에 해당할 것이다. 그녀가 새로운 상징적 역할을 맡게 되었다는 사실은 남매의 관계 변화를 의미할 것이다. 이는 남동생(혹은 오빠)에게는 느닷없는 위기였고, 결국 그는 신경쇠약으로 입원까지 하게 되었다. 주요 국제 대회의 결승에 오른 한 젊은 스포츠 스타도 유사한 사례이다. 세계 챔피언이 된다는 것은 그녀에게 그간 강하게 동일시해 왔던 선수 집단에서 자신의 위치가 크게 달라짐을 의미했을 것이다. 또한 우승한다면 그녀는 선수 집단 안팎에서 새로운 상징적 지위를 얻게 되었을 것이다. 하지만 소녀는 이런 전망을 감당해 낼 수 없었고, 시합에서 기권하기 직전까지 심각한 망상을 일으켰다. 결국 그녀는 입원했다.

그렇다면 우리는 근대적 자아는 현실과의 접촉을 상실한, 어떤 의미에서는 망상적인 자아라고 할 수 있을까? 후기 자본주의가 더 많은 정신병을 양산하고 있다고 주장할 수 있을까? 우리의 자기 동일시self-identification가 더욱 유연해지고 있음을 보여 주는 증거는 분명 있다. 인터넷에서 롤플레잉 게임role-playing game*을 하는 이들은 게임 중 좀처럼 자기 모습을 그대로 드러내지 않으며 젠더와 성적 지향뿐만 아니라 인종, 종교, 나이까지도 바꾸는 경우가 많다. 다른 누군가가 되는 환상에 잠기는 것이 비단 어제오늘의 일은 아니지만 현대의 경향들을 보면 좀 더 중요한 뭔가가 관련되어 있는 것 같다. 예컨대 오늘날 영국의 18~25세 집단에 대한 보고에 따르면, 동성과의 성경험이나 이성과의 성경험 모두 증가했을 뿐만 아니라, 성적 실천을 근거로 자신의 섹슈얼리티를 분류하거나 범주화하는 데 거부감을 느끼는 것으로 드러났다. 자신과 타인을 범주화하는 것과 관련해 이 젊은이들에게는 동성애자와 이성애자의 차이는 거의 중요하지 않은 것으로 보인다. 한 평론가는 이렇게까지 발언했다. '동성애는 끝났다!'[26]

그러나 범주화되길 거부하고 성 정체성을 자유롭게 다루는 것은, 본인이 여자로 변해 가고 있다고 믿었던 슈레버의 망상과는 결코 같지 않다. 슈레버는 몸이 변하고 있다는 것을 추호도 의심치 않았다. 또 이는 앞서 설명한 '성공한 환자' 사례, 변화에 대해 어떤 불안이나 불확실성도 느끼지 않은 환자 사례에서 나타난 모방 행위mimicry와도 같지 않다. 지금 이 순간에도 부단히 자신을 변화시키고 있는 이들은 반신반의하며 많은 의심

◆ 게임 이용자가 게임에서 등장하는 한 인물의 역할을 맡아 그것을 직접 수행하는 형식의 게임. 게임에서 정해진 규칙에 따라 모험과 상상의 세계를 여행하며 다양한 임무를 수행하므로 주인공이 된 듯한 느낌을 갖게 된다.

을 품고 있고 혼히 실패에 대한 두려움에 압도되어 있다. 동일 시를 놀이하듯 자유롭게 다루는 것은, 자신이 다른 누군가에 깃들어 존재한다고 확신하고 타인의 삶을 모방하는 정신병 환자들의 행위와는 범주가 다르다. 오늘날 대부분의 현대인들에게 나타나는 것은 정신병자의 확신이 아니라 우유부단한 이들의 신경증적인 의식儀式에 더 가까운 것이다.

따라서 오늘날 정신병 환자가 증가하고 있다는 증거는 거의 없다. 정신병 환자들과 달리 대부분의 사람들은 남들이 자신을 어떻게 보는지, 또 그들과 어떻게 소통해야 하는가를 계속해서 염려하고 있다. 사실 이는 사람들이 자기 계발서에 더욱더 집착하는 하나의 이유일 것이다. 이런 책들은 남들과 만족스럽게 소통할 수 있으려면 먼저 자신을 사랑하는 법을 배워야 한다고 가르친다. 하지만 자신을 사랑하는 것은 단순한 문제가 아니다. 〈아마존 닷컴〉에서 검색해 보면, 『자신을 사랑하는 법을 알려 주는 지침서』*The Learning to Love Yourself Workbook*를 포함해 자신을 사랑하도록 도와준다는 책은 138,987권에 이른다. 이는 늘 그렇듯 이런 종류의 일들이 여전히 자본주의의 중요한 부분임을 보여 준다.

결정적인 문제는 자기애를 강력히 조장하는 문화에서 타인을 사랑하는 게 점점 더 어려워졌다는 데 있는지도 모른다. 사람들은 여전히 타인에게서 사랑받고 싶어 함에도 말이다.

3

사랑을 선택할 수 있을까?

'즉석 만남'[후킹 업]Hooking up은 미국의 대학 캠퍼스에서 흔한 연애 관습이 되었다. 걱정 많은 부모들이 이 용어를 '창녀'hookers나 이 말이 함의하는 다른 많은 불온한 뜻과 관련지으려는 것도 무리가 아니다. 낚기hooks는 예외 없이 사기crooks로 이어진다. 사전만 봐도 무엇이나 누군가를 낚는다는 것은 원치 않는 애착과 유혹, 그리고 기만을 암시한다는 것을 알 수 있다. 훅hook은 어부나 영업 사원이 사용하는 미끼, 속임수 등의 의미로도 쓰인다. 흔히 포식자와 희생자, 낚는 자와 낚이는 자가 있다. 미식축구든 권투든 간에 스포츠 세계에서 '훅'을 당하는 이는 행복한 처지는 아닐 것이다. 한편, 낚인 상태가 지속된다는 것은, 그것이 설사 건강에 좋은 운동에 중독된 것이거나 자선 중독이라 할지라도, 노예화의 상태나 자유의지가 상실된 경우가 아니라면 있을 수 없는 일이다. 이는 포박된 상태, 의존적 상태를 시사한다. 일단 한 번 낚이면 제방 위로 팽개쳐져 죽게 되는 것이다.

이런 해석에 입각해 볼 때 '즉석 만남'에는 오늘날 대학생들이 사용하는 의미보다 더 불길한 무언가가 있을지도 모른다. 그들에게 후킹은 가벼운 애착 그 이상이 결코 아니다. '혹 업 하자'는 '또 보자' 혹은 '지금 시간을 구체적으로 정하는 건 아니지만 또 만나자'라는 의미다. 상대방을 향한 긍정적인 느낌이 담겨 있지만 그렇다고 약속을 하는 것은 아니다. 어쩌면 '즉석 만남'의 부정적인 면을 이용해, 약속할 의사가 없거나 그럴 처지가 아니라고 말하는 표현인지도 모른다. '즉석 만남'에는 가볍고 우연적인 느낌이 있지만 그럼에도 깊고 복잡한 관계로 이어질 수 있다. 하지만 애초에 기대했던 것보다 더 애착이 간다 하더라도 스스로에게나 데이트 상대에게 그 감정을 쉽게 인정하고 고백할 순 없다. 만약 인정해 버린다면 가벼운 만남의 '규칙'을 지키지 않는 사람으로 인식될지도 모른다.

미국과 영국에서는 우연한 만남이 주된 만남의 형태가 되었다. 내가 처음 미국에 방문했을 때의 일이다. 대학에 있던 동료들은 '밥 한번 먹죠'라고 말하곤 했는데, 나는 이때마다 가방에서 다이어리를 꺼내 가능한 날짜가 있는지 살펴보았다. 그렇지만 동료들의 표정을 보고는 내 행동이 부적절한 것이었음을 바로 깨달았다. 정확한 의전을 파악하는 데 나는 딱 그만큼이 걸렸다. 식사 약속을 잡는 것은 진짜 논점이 아니었던 것이다. 누군가 '밥 한번 먹자'라고 말할 때 적절한 대답은 이런 것이다. '좋죠. 그래요. 밥 한번 같이 먹어요. 편할 때 연락해요.' 그래서 '밥 한번 먹자'는 '안녕하세요'의 다른 표현일 뿐이다. 상대방은 어떤 유의미한 구체적 답변을 할 필요가 없다. 그저 밝게 '좋아요' 하거나 '잘 지내요?' 하면 되는 것이다. 이는 그저 피상적인 사교 관계를 위해 예의상 하는 말일 뿐이다. 진짜 약속은 정말로 낚고 싶은 사람, 정말로 밥 한번 같이 먹고 싶은 사람과 잡는 것이다. 이럴 때는 으레 구체적인 시간을 정하면서 '(점심/커피/저녁/영화) 함께할 시간 있어요?'라는 상투적 표현을 쓴다.

오늘날 데이트 문화에서는 대개 아주 친밀해지는 것은 피하고 가끔씩 연락해 관계를 유지하는 식의 원칙을 따른다. '즉석 만남'이 딱 그렇다. 바로 이런 표현을 선택해 사용한다는 것은 선택의 독재 시대에 사람들이 성과 사랑을 어떻게 인식하는지를 드러내 준다. 더 이상 배우자나 친구를 찾거나, 좋아하는 대상에 접근하거나, 그 사람의 변덕스러운 특이함을 이해하거나 간파하려 노력하는 등의 과정을 즐기지 않는 것이다. 오늘날 사람들은 낚고hooking ― 유인해서 유혹하고, 잡고 나면 풀어 주고 ― **떼어 내고**unhooking ― 다시 새로운 대상을 찾는 과정에서 즐거움을 얻고 있다. 이런 헌신적 관계 기피는 요즘 인간관계에서 새로 유행하는 경향이다.

선택으로서의 데이트

짝을 구하는 행위는 늘 특정한 사회규범을 따라 이루어져 왔다. 한 세기 전의 교제는 한 청년이 관심 있는 여성의 집에 전화를 걸어도 되겠냐고 허락을 구하면서 시작되었을 것이다. 남성이 전화를 걸면 여성의 어머니나 다른 식구가 거의 항상 곁에 붙어 있었다. 제2차 세계대전 중에는 '전화하기'calling가 '정식 교제'going steady로 바뀌었다. 남성은 언제라도 징집될 수 있었기에 좀 더 정성들인 형식적 절차가 요구되었다. 마치 절차를 밟아 정식으로 교제를 하면 전쟁이 야기한 상실의 불안을 가라앉힐 수 있다는 듯이 말이다. 전후 많은 사람이 대학에 들어갔고 바로 이때부터 데이트가 주된 교제 방식이 되었다. 부모의 영향력은 또래의 각종 압력으로 바뀌었다. 새로운 교제 방식은 학생들 스스로가 만든 서열에 기초해 진화했다. 예컨대 젊은 남성들은 보통 'A급'으로 간주되는 여성들과 데이트를 하기 위해, 그리고 그런 교제를 통해 알파 메일alpha male◆로 자리매김하고자 극심한 경쟁을 벌였다.[1] 1960년대에는 성 혁명이 일어나고 여성들이 일터에 진입하면서 페미니스트 운동이 확대되었으며 낡은 교제 규칙들이 느슨해졌다. 성 해방 사상은 사람들의 성 경험이 바뀌는 데 커다란 역할을 했다. 또 동성애가 사회적으로 용인되면서 다른 성적 규범들도 더 유연해지고 포괄적으로 바뀌었다.

'즉석 만남' 문화에서는 사실 모든 게 선택과 관련되어 있다. 우리에게는 삶의 모든 측면에서 너무도 많은 선택지가 있기에 연인을 선택하는 일은 또 하나의 부담을 가중하는 일일 뿐만 아니라 우리가 소중하게 여기는 완전한 자유의 방해물이다. 서둘러 연인을 만든다면, 그런 자유가 주는 이득을 충분히 누리지 못하게 된다.

◆ 본디 영장류 학자들이 침팬지 무리에서의 우두머리 수컷을 이르는 말로 시작되었는데, 현재는 완벽한 외모, 몸매, 성적 매력, 경제력, 패션 스타일 등을 겸비한 소위 '매력남'을 이르는 말로도 사용된다.

즉석 만남을 지지하는 이들은 이 관습으로 인해 지나치게 서둘러 연인을 정해 버리는 일을 피할 수 있고, 미래의 짝을 고르는 데 최선의 선택을 할 수 있도록 해준다고 주장할 것이다.[2] 이들은, 특히 젊은 여성들의 경우, 우연한 만남에 너무 많은 시간과 에너지를 쏟거나 또 쉽사리 짝과 헌신적 관계를 맺는 행동을 피해야 한다고 주장한다.[3] 그들은 선택을 유보함으로써 직장 생활에 온전히 집중할 수 있고 미래의 결정에도 유연하게 대처할 수 있을 것이다. 그래서 즉석 만남 문화는 새로운 규칙을 만드는 여성들과 관련이 있다. 그들은 마침내 남성들이 과거에 흔히 그래 온 방식대로 처신할 수 있다. 가령 하룻밤을 보내기 위해 누군가를 무작위로 고를 수 있고, 일을 치르고 난 뒤에는 아무 일도 없었던 것처럼 행동할 수 있다. 어떤 약속도 하지 않고 아무런 요구도 하지 않는다. 그리고 자꾸 상처 받고 싶지 않기에 우연한 만남에 감정을 많이 쏟으려 하지 않는다.[4]

하지만 이렇듯 선택과 통제를 강조함에도 불구하고 즉석 만남 문화는 역설적으로 불확실한 마음을 토대로 번성한다. 이것은 젊은이들을 애착에서 자유롭게 해주고자 '발명'되었을 수도 있지만 오히려 불안정, 불안, 죄책감을 가중한다. 그래서 이런 만남에서는 그런 기분들을 달래고자 술을 마시는 경우도 빈번하다. 그 여파를 덜어 주기 때문이다. 일이 기대했던 것만큼 진행되지 않는다면, 친구들에게 항시 이렇게 이야기할 수 있는 것이다. '취했었어. 내가 뭘 하고 있는지도 몰랐다고.' 즉석 만남에서는 익명성이 보장되고 헌신이나 책임도 필요 없다. 인터넷에서 '친구들'과 즐겁게 수다를 떨면서도 실제로 만나고 싶다는 욕망을 거의 느끼지 않을 수 있는 것처럼 우리는 실제로 알고 지낼 필요를 느끼지 않으면서도 사람들과 반쯤 익명적인 성적 만남을 가질 수 있다. 한 젊은 대학생은 이렇게 말한다. '마치 없었던 일처럼 행동할 수 있어요.'[5]

이와 유사한 유형의 부인은, 사람들이 규제로부터 완전히 자유로운 인터넷상의 의사소통에도 존재한다. 가령 사람들은 안전한 자기 침실에서, 현실 세계에서는 결코 용납되지 않을 심한 공격을 가할 수 있다. '전송' 버튼을 누르는 바로 그 순간 공격적인 메시지는 시야에서 사라지고 그렇게 책임감도 사라진다. 위와 마찬가지로 그 사람은 그와 같은 메시지를 보낸 적이 결코 없었던 것처럼 처신할 수 있다.

즉석 만남과 인터넷상의 만남의 특징은 타인이나 결과를 고려하지 않는다는 것이다. 이런 만남들은 앞서 살펴본 부채를 진 사람들이 행동하는 방식과 공통점이 많다. 카드 대금이 쌓여 있는 사람이 상품을 구매할 당시에는 그 결과를 무시할 수 있듯이 사람들은 즉석 만남을 갖거나 인터넷상에서 왕따를 가한 후에도 아무 일도 없었다는 듯이 처신할 수 있다.

자기 보호로서의 선택

선택 이데올로기는 우리가 자신의 감정을 통제할 수 있고 늘 합리적 선택을 내릴 수 있다고 가르쳐 왔다. 이에 따르면 우리는 연애에서도 가능한 최대의 행복을 누릴 수 있도록 관계를 잘 관리해야 한다.[6] 하지만 우리 문화에서 낭만적인 사랑이라는 관념을 가장 소중히 여기는 이유는 그것이 합리적으로 따질 수 있는 문제가 아니기 때문이다. 비극적인 사랑 이야기에서는 사랑에 빠져 열렬한 감정을 억누를 수 없는 두 사람이 겪는 고통이 가장 중요하다. 이는 합리적 선택을 초월하는 사랑이다. 그것은 욕망, 충동drive, 환상에 대한 것으로, 이는 모두 타인을 가장 매력적인 대상으로 끌어올리는 데 꼭 필요한 전제 조건들이다. 우리는 자신에게서는 좀처럼 깨닫지 못하는 무언가를 자극하는 행동, 외모, 독특한 버릇에 매력을 느껴 사랑에 빠진다. 사랑은 합리적인 의도를 무력화할 수 있는 무의식적 선택과 많은 관련이 있다.

할리우드 영화 〈사랑에 빠지는 아주 특별한 법칙〉*Laws of Attraction*은 합리적인 선택과 비합리적인 끌림 사이의 갈등을 보여 주는 전형적인 예다. 영화는 '사람들은 자신에게 무엇이 좋은지를 알지 못한다'는 상투적인 줄거리에 기초해 전개된다. 상류층의 이혼 전문 변호사 오드리(줄리앤 무어)는 연애에 대해서는 어떤 기대도 하지 않기로 마음먹은 여자다. 그러던 어느 날 그녀는 법정에서 대니얼(피어스 브로스넌)이라는 변호사에게 매력을 느끼고 관심을 갖게 된다. 그는 같은 이혼 소송에서 반대편을 변호하고 있다. 오드리는 그의 접근에 무관심한 척하려고 안간힘을 쓴다. 결국 두 사람은 같이 자게 되지만 그렇다고 독신으로 남겠다는 그녀의 결심이 꺾이지는 않는 것처럼 보인다. 하지만 함께 아일랜드로 떠난 출장길에서 그녀의 감정은 결국 바뀌게 되는데, 술을 잔뜩 마시고 난 다음날 아침, 자신이 우발적으로 결혼식을 올렸음을 알게 되면서부터다. 비록 이 결혼이 가짜였다는 게 나중에 밝혀지긴 하지만, 그 사건을 계기로 그녀의 시각에는 어떤 변화가 생긴다. 마치 법의 개입 — 즉 공식적인 결혼 선언 — 이후에야 그녀는 대니얼에 대한 자신의 애착을 인정할 수 있는 것처럼 보인다. 비록 처음에는 선택의 여지가 없었던 자신의 처지를 못마땅하게 여겼지만, '결혼'이 그녀를 행복하게 만들었다는 사실은 분명하다. 그래서 결혼식이 실은 가짜였음을 알게 된 후 그토록 실망했던 것이다. 자신의 뜻에 반해 결혼하게 되었다고 생각했을 때 — 곧 자신에게 선택권이 없었을 때 — 오드리는 자기 욕망을 인정할 수 있었다. 결국 그녀는 대니얼과 다시 결혼하기로 결정한다. 이번에는 술에 취하지 않은 상태에서, 공식적으로. 하지만 이 결혼은 자유로운 선택권을 상실했을 때 얻은 교훈이 없었다면 가능하지 않았을 것이다. 영화는 우리에게 사랑 문제에서 사실 선택은 회고적으로만, 곧 현재의 기준에서 과거를 뒤돌아볼 때만 존재하는 것인지도 모른다는 것을 말해 준다.

우리는 사랑이란 감정으로 인해 혼란을 느낄 때 보통 조언을 구한다. 〈사랑에 빠지는 아주 특별한 법칙〉에서 오드리의 어머니는 딸이 청하지도 않았는데 길게 충고를 늘어놓으며 대니얼을 꼬셔 보라고 들볶는다. 어머니는 사랑과 섹슈얼리티에 관해 자유분방한 태도를 보였던 1960년대의 영향을 받은 세대인 데 반해, 딸은 거의 섹스도 안 하고 직장 중심의 삶을 선택해 살아온 인물이다. 그녀는 오히려 어머니의 자유방임적인 태도에 대한 반발로 스스로 금지를 만들어 지켜 왔던 것이다.

사람들은 사랑에 관해 좋은 조언을 해줄 누군가를 찾기 위해 늘 노력해 왔다. 정신분석이 초창기였을 무렵 프로이트는 친구에게서 질문을 하나 받았다. 어떤 여성이 있는데 그녀와 결혼을 해야 하는가를 묻는 것이었다. 프로이트는 만약 인생에서 작은 사안이라면 심사숙고해야 하지만, 큰 사안 — 결혼이나 아이를 갖는 것 — 일 경우 그냥 밀어붙이는 게 좋다고 답했다. 이 답변은 심히 역설적으로 들린다. 또 프로이트가 살았던 당시는 지금보다 훨씬 보수적인 사회라는 맥락을 감안해야 한다. 그럼에도 그 생각은 해방적일 수 있다. 사랑이나 가족과 관련해 내리는 선택이 좀처럼 합리적이지 않다는 것을 받아들인다면 말이다. 우리가 아무리 자신의 방향을 선택한다고 생각할지라도 보통은 무의식적 욕망이 결정권을 쥐고 있기 마련이다.

현재 사랑과 데이트에 관한 베스트셀러를 살펴보면 우리가 사랑과 관련한 무의식의 욕망과 환상을 다루고 싶어 하지 않는다는 것을 확인할 수 있다. 이런 많은 책은 사랑 문제에서 선택을 어떻게 활용해야 하는지 가르친다. 『짝을 선택하고 관계를 유지하는 법』How to Choose and Keep Your Partner이나 『사랑은 선택이다』Love is a Choice라는 제목을 단 책들은 상대방을 유혹하는 복잡한 문제에 대해 즉각적이고 합리적인 해결책을 제시하면서, 욕망이란 것은 의식적으로 불러일으킬 수도 있고 신중하게 통제할 수도 있음을 보여 주려 한다. 자기 계발 시장에는 누군가가 당신을 사랑하게 만들고, 떠나지 못하게 하며, 원하는 것을 주게끔 조종하는 방법을 가르치는 책들로 홍수를 이루고 있다.

때때로 선택권은 조언을 구하는 이에게만 있고, 그 목적은 장래의 파트너에게서 선택권을 빼앗으려는 것으로 보인다.[7]

이상으로서의 선택과 이상적인 선택

오늘날 연인을 선택하는 것은 특히나 쉽지 않은데, 우리는 늘 이상적인 짝을 구하고자 애쓰기 때문이다. 때로는 연인을 찾는 일이 전화 회사를 선택하려 할 때와 똑같은 패턴을 따르기도 한다. 결정을 했음에도 불구하고 더 나은 선택지를 놓쳤을지도 모른다는 기분이 들어 끊임없이 변덕을 부리게 되는 것이다.

이상적인 선택과 관련한 불안은 구 공산권 국가들에도 존재하나 그 양상은 좀 다르다. 삶의 모든 영역에서 합리적 선택을 내릴 수 있어야 한다는 관념이 이곳에서는 자본주의가 도입된 후에야 전파되었다. 나는 몇 년 전 강연차 리투아니아에 방문했을 때 그런 불안을 감지했다. 며칠 간 나는 주최 측 사람들과 어울리다가 그들이 전부 여성임을 깨달았다. 나의 리투아니아 방문을 추진하고 준비했던 이들은 다수가 고학력의 유쾌한 여성들이었다. 이 여성들과 이야기를 나누면서 나는 그들이 양육과 연구는 물론 수많은 업무들을 곡예 하듯 해나가고 있다는 것에 깊은 인상을 받았다. 하지만 궁금했다. 리투아니아 남성들은 대체 어디 있는 거지? 이 여성들은 남성들이 선택이란 관념의 포로가 되었다고 설명했다. 그들의 추론에 따르면 자본주의가 들어오고 나서 사람들은 선택이란 관념의 공세를 받았다. 원했던 모든 것이 별안간 실현 가능한 것으로 보였다. 그래서 많은 남성은 학계보다 벌이가 좋은 직장을 택했고 꽤 많은 남성이 이혼하고 새 아내를 얻었다. 이런 경향은 이 나라에서 사회주의 몰락 후 이혼율이 급증하게 된 하나의 원인이었다. 이 여성들은 ― 다수가 이혼했다 ― 학술 대회를 준비하는 무리에 남성들이 전혀 없다는 이유를 들어 선택이란 관념을 비난했고, 리투아니아 사람들은 그야말로 어떻게 선택해야 하는지를 모른다고 결론지었다. 특히 가치 있는 것과 그렇지 않은 것을 구분해 선택할 줄 모른다고 생각했다. 내 토론자들은, 리투아니아에는 선택이란 관념이 최근에야 도입되었고 느닷없이 나타난 모든 가능성들에 사람들이 현혹되어 있지만 미국인들은 어릴 때부터 선택이란 관념을 가르치는 사회에서 태어났다는 것을 내게 납득시키려 했다. 물론 미국 여성들에게 선택을 어떻게 생각하느냐고 묻는다면 이 리투아니아 여성들이 느끼는 것과 흡사한 불안을 나타낼 것이다.

이상적 선택이라는 관념은 특히 인터넷상의 데이트에서 강력한 영향을 미친다. 여기서는 시장에서 작동하는 것과 동일한 논리를 찾아볼 수 있다. 사람들은 파트너에게서 원하는 자질과 특성을 목록으로 만들 뿐만 아니라 자신을 특정한 시장가치를 지닌 존재로 제시하고 싶어 한다. 인터넷 데이트를 분석하면서 에바 일루즈Eva Illouz는 데이트에 늘 내포되어 있던 시장 관념이 이런 맥락에서 갑자기 표면화되었다고 지적한다. 사람들은 최고의 거래를 원한다. 즉, 자신보다 더 높은 '가격표'를 단 누군가가 나타나 주기를 상상하는 것이다.[8] 이같이 인터넷은 새로운 방식으로 — 사람들로 하여금 그런 관계들을, 이 사이버 연애 시장에서 누군가가 가지고 있는 것으로 상상된 '가치'를 통해 들여다보게 함으로써 — 친밀한 관계들을 도구화한다.[9]

인터넷 만남에서는 특정한 욕망의 논리가 작동하고 있다. 사람들은 대강 훑어보고 잠재적인 짝들 가운데 근사하고 멋진 이들이 있는지 본다. 그러고 나면 눈이 아주 높아진다. 그들은 자신이 볼 수 있는 사람이면 누구나 고를 수 있고, 만날 수 있다고 상상한다. 일부는 '자신과 다른 등급'일 수도 있는데 그 여부를 아랑곳하지 않고 말이다. 하지만 연인을 구하는 이가 메시지를 보내고 호의적인 응답을 받으면 이내 흥미가 떨어진다. 그 순간 자기 회의가 생기고 의문이 든다. '그렇게 매력적인 사람이 왜 나에게 흥미를 갖지? 그 여자에겐 뭔가 문제가 있는 게 틀림없어.' 이런 마음 이면에는, 남들도 늘 현재 가지고 있는 것보다 좋은 것을 갈구하고 그래서 연인도 끝없이 바꾼다고 보는 본능적인 직감이 자리하고 있다.

인터넷 데이트의 특징인 수많은 선택지와 교환 가능성은 후기 산업자본주의에 존재하는 모든 시장의 지배적인 원리를 반영한다. 직장 생활을 조직하는 효율성, 선별, 합리화, 표준화 이데올로기는 세세히 짜 맞춰진 데이트 생활에도 반영되어 있다. 일루즈는 인터넷으로 인해 사람들의 기대와 경험 사이에 흥미로운 불일치가 생긴다고 지적한다. '인터넷은 사교 능력의 필수 요소, 즉 기꺼이 타인과 관계를 시작하기 위한 조건과 관련해 우리가 우리 자신과 협상하는 능력을 현저히 떨어뜨린다.'[10] 요컨대 이상형 목록을 정해 데이트를 하고 잠재적인 파트너가 나와 어울리는지 성급히 평가해 버린다면, 우리는 합리적인 사고를 통해서는 찾을 수 없었을 인연을 만날 수 있는 기회를 스스로 차단하는 꼴이 되는 것이다.

특히 오늘날 사회는 평가와 합리적 선택에 사로잡혀 있음에도 불구하고 사실 인터넷 데이트는 사랑에 관해 꽤 전통적인 관점을 부활시킨다.[11] 우리는 서로 아무것도 모르는 열린 공간에서 자연스럽게 만나기보다는, 그 옛날 중매인이나 친인척과 같은 역할을 하는, 검색 시스템을 사용해 왔다.[12] 그러나 현실의 만남은 [인터넷 데이트와는] 별개의 문제다. 현실에서는 합리적 사고가 무의식의 환상과 욕망에 굴복하고 만다. 결국 관건은 붙잡을 수 없는 주이상스다.[13]

사랑 불안

연애 관계의 영원한 딜레마 중 하나는, 타인 안에 있다고 생각하지만 실제로는 타인에게 없는 것 — 사랑을 하는 이가 연인에게서 감지하는 어떤 숭고한 것이고, 이를 통해 그는 환상을 만들어 사랑을 유지할 수 있다 — 을 사랑한다는 것이다. 하지만 존재하지 않는 숭고한 대상에 매혹된 마음은 이내 혐오로 바뀔 수 있다. 사랑과 증오가 동전의 양면인 이유가 바로 이것이다.[14] 연애 초에는 연인의 목소리에 넋을 잃거나 그녀가 머리카락을 만지작거리는 별난 방식에 매료될 수도 있다. 하지만 황홀함이 사라지고 나면 연인의 목소리가 지긋지긋해지고 그런 행동이 성가시게 느껴질지도 모른다. 사랑이란 감정에서 처음에는 중요했던 것들이 나중에는 낭만적인 관계를 끝장내는 원인이 될 수 있는 것이다.

오늘날 사회에서 성애 관계가 교착상태에 이르는 직접적 원인은 우리가 사랑이 야기하는 불안을 없애려고, 또 욕망에 늘 수반되는 불확실성을 줄이려고 애쓰기 때문이다. 우리는 늘 자신이 타인에게 정말로 무엇인지 궁금해하고, 타인이 참으로 원하는 게 무엇인지 염려한다. 연애 관계에서 이런 딜레마는 특히 신경증자들을 애먹이는데, 이들은 흔히 삼각관계를 만들어 곤경을 해결하려 한다. 이런 삼각관계는 마음속에만 존재하는 것일 수도 있다. 예컨대 강박신경증 남성은 어떤 여성과 자면서 실은 다른 누군가 — 자신이 알고 있는 다른 여성이나 유명인 — 와 사랑을 나누고 있다는 환상을 품는 것이다. 유사한 상황에서 히스테리 여성은 다른 여자가 자기 남자와 잔다거나 자신이 브래드 피트와 잔다는 환상을 품을지도 모른다. 만약 그 순간 그녀의 파트너 역시 안젤리나 졸리와 잔다는 환상을 품고 있다면 어떤 우스꽝스러운 조화가 이뤄질 것이다.

강박신경증자는 욕망하는 대상에 너무 가까이 가면 그 대상이 자신을 집어삼키지는 않을까, 자신이 없어지게 되지는 않을까 두려워한다. 자신을 보호하고자 그는 온갖 규칙, 금지, 장애물을 만들어 연애 생활의 근간으로 삼는다. 예컨대 아르헨티나의 한 정신분석가는 며칠 밤을 전화기 옆에서 사랑하는 여인의 연락을 기다리던 한 남성을 치료한 적이 있다. 당시 아르헨티나에서는 전화망이 자주 고장이 나서 그는 수시로 전화기를 들어 전화가 잘되는지 확인했다. 결국 그는 그런 강박 의식(儀式)을 반복해 연인이 자신에게 연락하는 것을 사실상 막은 셈이었다.

강박신경증자들에게는 저마다 욕망의 대상과 거리를 유지하는 각종 방책들이 있다. 자신이 세세히 짜 놓은 생활 방식이 흔들릴 위험을 예방하기 위해서다. 그래서 강박적 의식은 자기 보호이고, 흔히 고립된 생활로 이어진다. 반대로 히스테리 여성들은 자신을 흠모하는 남성들을 애태우다가도 이내 관심을 끊어 버리는 경우가 많다. 이들은 타인의 반응을 통해 자신이 누구인지 확인하려 하기 때문에 타인이 자신을 계속 욕망하게끔 해야 한다. 그래서 이들은 쉽지 않은 여자로 보이고 싶어 한다.

고도로 개인화된 오늘날의 사회에서는 대부분의 사람들이 강박신경증과 히스테리라는 보호 기제를 어느 정도는 갖고 있는 것으로 보인다. 오래 사귀는 능력은 점점 더 줄어들고 있다. 그 원인을 규명하려는 노력 속에서 일부 정신분석가들은, 여러 가지 사회적 변화로 인해 연애 불능 상태의 사람들, 그리고 욕망이 제기하는 골치 아픈 질문들에 직면하기를 꺼리는 사람들이 늘어난 것은 아닌지 문제를 제기해 왔다. 우리에게 여전히 숭고하고 낭만적인 사랑을 위한 자리가 있을까? 아니면 우리는 사랑과 욕망보다는 즉각적이고 일시적인 성적 만족을 추구하는 나르시시스적인 문화에 빠져 있는 것일까? 후자는 타인과 개인적으로 관계를 맺으려는 욕구와는 관련이 적고 어떤 상실된 주이상스를 되찾으려는 시도에 더 가깝다. 이는 바로 일회적 만남이 끝날 때 흔히 외로움이 음습하는 이유다.

프랑스 정신분석가 장-피에르 르브룅Jean-Pierre Lebrun은 여기에 또 다른 요소를 도입해 오늘날 사람들이 오히려 성적 차이를 다루는 데 문제가 있는 것은 아닌지 묻는다. 그는 사회화 과정이 변화해 사람들이 자신의 성 정체성에 대해 더 불안을 느끼게 된 것은 아닌지 의문을 제기한다.

모든 인간은 사회화 과정을 거치면서 — 즉, 성문화되지 않은 사회적 금지에 의해 특징지어지는 과정에서 — 성 정체성을 갖게 된다. 물론 이렇게 해서 갖게 되는 성 정체성이 생물학적 성과 반드시 일치하는 것은 아니다. 정신분석가들은 이 사회화 과정을 '상징적 거세'라는 용어로 표현한다. 요점은 물리적으로 거세된다는 게 아니라 언어, 문화 의례, 각종 금지들이 개개인에 '각인'되면서 결여를 갖게 된다는 것이다. 개인이 결국 갖게 되는 성 정체성조차도 이 결여를 다루는 데 도움이 되지 못하며, 다만 욕망과 충동drive에 대한 새로운 의문들만을 만들어 낼 뿐이다. 르브룅은 현재의 사회적 변화들로 인해 상징적 거세 과정도 변화한 것은 아닌지 묻는다. 권위가 느슨해진 사회에서는 양성성과 양성애로의 전환이 있는 것처럼 보인다. 마찬가지로 우리의 섹슈얼리티가 나타나는 형식은 더 나르시시스적으로 변해 온 것 같다. 르브룅의 비관적인 결론에 따르면, 섹슈얼리티는 더욱더 '경합의 문제이자 성취[완성]의 문제가 되고 있다. 그것은 안정적인 대상을 선택하는 문제가 아니다. 이는 무엇보다도 유혹의 문제다.'15

즉석 만남 문화가 바로 그 증거다. 즉, 우리는 유혹할 누군가를 물색해 만나다가 비슷하거나 더 나은 사람을 발견하면 바로 차버릴 뿐이다. 유혹하는 여성의 힘은 그녀가 긍정적인 반응을 얻게 되는 순간, 효력을 발휘하기 시작한다. 그러나 그녀는 대상과 거리를 둔다. 그 대상이 자기 고유의 욕망과 환상을 가지고 있다고 생각하고 싶지 않은 것이다. 유혹하는 여성은 그런 욕망과 환상에 마주칠 때 사실 아무 일도 없었던 것처럼 시치미를 떼려 할 것이다. 그렇게 그녀는 자신의 환상이 흔들리지 않도록, 혹은 자신이 타자의 욕망과 환상의 대상으로 노출되지 않도록 한다. 그런데 그런 낭만적 만남에 동요되지 않는 것처럼 보이려는 시도 이면에는 잠시 만나는 파트너가 자신을 계속 욕망하게끔 하려는 소망도 있다. 그와 거리를 둠으로써 그녀는 결코 온전히 소유될 수 없는 숭고한 욕망의 대상이라는 더 높은 가치를 얻길 희망한다.

라캉이 보기에 돈 주앙의 매력은 여성이 그를 결코 소유할 수 없다는 점이다. 여성들이 그에게 빠진 이유는 다름 아니라 그를 차지할 수 없다는 것을 알았기 때문이다. 여성들은 저마다 그에 관한 환상을 만들어 낼 수 있었다. 자신과 정착해 삶으로써 그 환상이 깨질지도 모른다는 염려를 하지 않으면서도 말이다. 마찬가지로 즉석 만남 문화에서도 잠재적인 가능성에 관한 유사한 논리가 작동한다. 즉, 여성은 무수한 임시 구혼자들에게 자신과 만날 수 있는 것처럼 행동하면서도 다른 한편으로는 결코 사귀지는 않을 것이라고 스스로 못을 박는 것이다. 그러면 그녀는 적어도 겉보기에는 전체를 좌지우지하고 있는 것처럼 보일 것이다.

사랑과 금지

전적으로 선택의 자유가 넘쳐 날 때는 사랑과 섹슈얼리티 관련 사안들이 처음에는 해방적으로 보일 수 있다. 성적 향락에 관한 한 사회적 금지로부터 완전히 자유로워진다는 생각보다 더 좋은 게 있을까? 부모와 사회가 올바르고 정상적이라고 규정했던 것들이 이제 더 이상 우리를 성가시게 하지 않는다면 얼마나 신 날 것인가! 우리의 성적 지향, 심지어는 성적 차이를 드러내는 외모까지 바꿀 수 있다면 얼마나 해방적인가!

정신분석가들은 인간의 욕망을 분석하면서 늘 욕망과 금지를 관련지었다. 누군가 원하는 것을 가질 수 없어서 괴로워할 때 해결책은 그것을 가질 수 있게 해주는 것이 아니라 바로 그 제한을 '소중히 하도록', 그리고 욕망의 대상이 매력적인 이유는 다름 아닌 손에 넣을 수 없기 때문임을 알도록 가르치는 것이다.

오늘날 소아 성애, 근친상간, 강간을 제외한다면 섹슈얼리티와 관련해 금기시되는 것은 거의 없는 것 같다. 맘껏 즐기라는 부추김은 저항하기 힘들 정도로 압도적이다. 광고에서는 성적 일탈이 궁극의 쾌락으로 제시된다. 만약 성기능을 개선하기 위해 힘쓰고 새로운 기교를 배워 악착같이 연습한다면 개인이 성취할 수 있는 만족에는 한계가 없다는 생각이 만연해 있다. 『코스모폴리탄』은 최신 섹스 테크닉을 아직 숙달하지 못한 이들에게 섹스 학교에 등록하라고 권한다. 하지만 맘껏 즐기라는 마케팅과 더불어 대중매체는 많은 기성 관계에서 성적 흥분이 사라졌다는 이야기도 한다. 『화성에서 온 남자, 금성에서 온

여자』*Men are from Mars, Women are from Venus*[김경숙 옮김, 동녘, 2010]의 저자 존 그레이John Gray는 '왜 우리 할머니가 나보다 섹스를 더 많이 하는 것 같지?'라는 주제로 글을 쓰고 있다.[16] 그는 대답으로 많은 조언을 제시한다. 이를테면 긴장을 풀고, 성욕을 고무하는 이런저런 방법들을 따르라는 것이다. 금지는 늘 우리 곁에 있었고 오늘날에도 유지되고 있지만 그 패턴은 변해 왔다. 과거에는 금지가 사회 의례들(예컨대 전근대 사회의 성년식과 전통적인 가부장적 사회에서 가부장의 금지)을 통해 전파되었다면 오늘날에는 개인이 스스로 제한한다. 개인은 스스로를 창조하는 자이자 스스로 금지를 만드는 자self-prohibitor이다.

사회의 금지에는 늘 어떤 불만족이 따라다닐 것이다. 우리는 만족을 누리는 데 방해가 되는 게 있을 때 흔히 불만을 터뜨린다. 예컨대 가지고 싶은 물건이 있는데 형편이 안 될 때, 누군가를 사랑하게 되었는데 메아리가 없을 때 말이다. 하지만 이상하게도 우리는 만족을 방해하는 것이 사라져 바라던 것을 얻게 될 때 이것을 원했던 게 결코 아니라는 기분이 들어 다른 무언가를 찾기 시작한다. 이런 불만족의 표출은 욕망이 작동하는 방식의 본질이다.

무제한적 만족과 자기 충족감을 조장하면서도 불만족이라는 토대에서 번창하는 사회에서 (그렇지 않다면 우리가 그토록 소비에 미쳐 있을 리 없다!) 좌절감은 새로운 문제들을 제기한다. 개인에게 좌절은 흔히 불만족보다 더 고통스럽다. 불만족은 욕망과 얽혀 있는데 좌절은 주이상스와 관련된 문제들 — 우리가 향락하는 바로 그 방법 — 과 연관되어 있다. 장-피에르 르브룅은 이렇게 쓴다. '주이상스를 향한 의지가 사회를 지배할 때 프롤레타리아의 끈끈한 연대는 경쟁과 대립으로 바뀌고 사회의 증오는 심화된다.'[17]

예컨대 좀처럼 논의되지 않는 오늘날의 인종주의적 양상 가운데 하나는 사람들이 타인이 향락하는 방식을 반대하는 방법과 관련되어 있다. 사람들은 다른 민족이나 인종의 사람들이 너무 시끄럽다거나 냄새 나는 음식을 먹는다고 불평한다. 혹은 과도하게 섹스를 많이 한다고 추정하면서 조롱하기도 한다. 이런 불만 이면에는 타인들이 어떤 주이상스에, 그들의 영역을 벗어난 무한한 쾌락에 접근할지 모른다는 두려움이 있다. 결국 이는 특정한 좌절 혹은 시샘을 조장한다. 여기서 불만은 단지 우리가 원하는 무엇을 타인이 소유한다는 사실 때문에 느끼는 게 아니다. 우리는 그들이 향락하는 바로 그 방식에 반대한다. 타인이 향락을 경험한다고 추정하면서 느끼는 이 좌절은 이내 폭력으로 바뀔 수 있다. 우리는 타인에게서 특정한 욕망의 대상을 빼앗고 싶은 게 아니다. 그들이 누린다고 추정하는 향락을 망치고 그들이 인격체로서 가진 품위를 손상하고 싶은 것이다. 연애 관계에서 우리는 상상적인 최고의 쾌락에 닿으려 시도하지만 흔히 실패하고 만다. 그리고 이에 대한 반응으로 파트너를 내친다. 좌절은 이미 시작되었고, 주이상스를 얻지 못하는 우리의 무능은 타인에 대한 폭력으로 이어진다. 그래서 우리는 이 상실된 주이상스를 찾고자 중독성 물질에 의존하거나 파트너를 바꿔 가며 자신의 결여를 보완하려 하는지도 모른다.

불안 치료제로서의 과학

선택지들을 제한하는 방법 가운데 하나는 새로운 데이트 '과학'에 의지하는 것이다. 헬렌 피셔Helen Fisher는 행복한 관계를 형성하기 위해 어떤 성격적 특성들이 서로 어울리는지 알아내려면 세로토닌과 도파민 수치를 연구해야 한다는 생각으로 유명해졌다. 그녀의 연구 조사 결과에 기초해 작동하는 데이트 누리집 〈케미스트리 닷컴〉Chemistry.com(〈이하모니 닷컴〉eHarmony.com도 유사한 방식으로 작동된다)은 방대한 설문 조사를 실시해 개인의 성격과 뇌의 근원적 특질을 평가하려 한다. 이 누리집들의 원리 자체, 즉 '화학'Chemistry과 '조화'eHarmony를 보면 이 연구 조사가 완벽한 조합이라는 관념에 기초해 진행된다는 것을 알 수 있다.

그러나 '완벽한 조합'이라는 관념은 분명 근거 없는 믿음일 것이다. 사람들은 보통 타인에게서 보는 것을 중심으로 환상을 구성한다. 라캉주의 정신분석가들은 타자 안에 있는 숭고한 대상을 '대상 a'로 부른다. 이것은 타자에게도 우리 자신에게도 실제로 존재하는 것이 아니다. 우리를 규정하는 바로 그 결여의 대역일 뿐이다. 그것은 욕망과 향락을 고무하는, 우리 안의 근본적인 결여다. 타인에게 무언가가 존재한다는 환상이 사랑을 가능케 하는 것이다. 사랑할 때 우리는 자신에게 없는 것을 주고, 타자에게 없는 것을 타자 안에서 본다고 라캉은 지적한다. 이른바 피서류의 과학적 조사가 포착하려는 것은 바로 이 결여의 본질이다. 이 연구 조사는 도파민과 세로토닌을 측정해 '확실성'을 추구한다는 점에서 환상의 논리를 포기한 게 아니라 그것을 오늘날의 과학 언어로 바꾸어 재해석한 것이다. 우리는 다른 누군가에게서 보는 숭고한 특성을 중심으로 늘 이야기를 만들어 내는데, 우리가 느끼는 끌림(또는 증오)의 본질은 이성으로 포착할 수 없기 때문이다. 이런 새로운 설명들은 별점에 기초하든 신경화학적 균형에 기초하든 논리는 별반 다르지 않다.

즉, 우리를 개인으로 특징짓는 것이라면 무엇이든 이름을 붙이려 하고, 도저히 설명하기 힘든 화학 원소를 덧붙이려 하는 것이다.

합리적 선택이든 무의식적 선택이든 선택을 할 때는 늘 무언가가 상실된다. 헌신적 관계를 두려워하는 이들은 흔히 선택을 할 때 어쩔 수 없이 포기해야 하는 다른 선택지의 상실을 두려워한다. 어떤 이들은 금지된 리비도의 대상(예컨대 어머니)을 포기하기 힘들어 할 수도 있다. 또 어떤 이들은 자신의 주체성이 늘 불완전하고 결여를 특징으로 한다는 바로 그 사실을 인정하는 데 문제가 있을 수 있다. 그 무엇도 결코 결여를 채울수 없기 때문에 모든 대체물을 유보 상태로 두고 계속 탐색만하면 약간의 안도감을 느낄 수 있다.

비록 헌신적 관계에 대한 두려움이 어제오늘 일은 아니지만 최근에는 이상형에 대한 기준이 높아진 것 같다. 무수한 가능성으로 말미암아 이 같은 이상형에 대한 믿음은 커져 가며, 동반자 관계는 더욱더 나중 일로 미뤄진다. 결국 이 모든 선택 행위는 아무것도 하지 않는 것 — 독신 남녀로 남는 것 — 으로 끝날 수 있다. 중년들도 파트너들 사이에서 배회하는 행동을 설명하면서 헌신적 관계가 두렵다고 이야기한다. 나는 영국의 성공한 주식중개인 중년 남성 둘에게서 수시로 여자 친구를 바꾸는 이유를 들은 적이 있다. 한 명은 매일 저녁 같은 음식을 먹을 수 없다고 설명했다. 다른 한 명은 이런 농담을 했다. 몇 년 후에 우리가 우연히 마주쳤는데 둘 다 나이를 먹고 외로운 처지라면 이렇게 말할 수 있을 거예요. '적어도 우린 늘 결정을 보류했던 거야.'

4

아이, 가질 것인가, 말 것인가?

'함께 아이를 가져요! 가족을 이루기를 애타게 바라는 여성의 놀랍고도 애정 어린 이야기'. 『업저버』지의 표제다. 이 잡지에는 함께 아이를 만들 남성을 구하는 중년 여성에 관한 특집 기사가 실렸다. 이에 따르면 제니 위더스Jenny Withers는 '감성이 풍부하고 행복한 41세 독신 여성'으로, '따분한 집안일'이라면 질색이어서 마트에서 유모차를 끄는 일은 한 번도 생각해 본 적이 없었다. 그런데 느닷없이 아이를 갖고 싶다는 욕망이 솟구쳤다. 그녀는 엉망인 인간관계에 지쳤고 자기중심적인 생활에 진력이 나던 참이었다. 그나마 수년간 치료를 받았던 덕에 신경증은 거의 나은 것 같았다. 제니는 행동에 나서기로 결심한다. 익명의 기부자에게서 정자만 받아 사용할 수도 있었지만 아이를 홀로 키우고 싶지는 않았다. 그래서 정자도 제공하고 아이의 삶에서 헌신적인 역할을 지속적으로 감당할 의향이 있는 남성을 찾기 시작했다. 그녀는 때마침 [남성] 동성 커플의 도움을 받을 수 있을 것이라 거의 확신했지만, 이들 커플이 헤어지게 되면서 『업저버』 기자에게 사연을 보냈던 것이다.

제니가 원하는 것은 무엇인가? 그녀는 의향을 밝힌 이들에게 사진, 이력서, 그리고 공동 육아를 하고 싶어 하는 이유를 보내 달라고 했다. 제니의 기준은 이렇다.

제가 생각하는 공동 양육자는, 전문직에 종사하는 중산층으로 가치관이 저와 비슷한 사람이면 좋겠습니다. 나이와 인종은 중요하지 않습니다. 신체적 특징도 그다지 중요하지 않습니다. 물론 아이를 위해 매력적인 아버지였으면 하는 바람이 있긴 하지만요. 사실 정말로 중요한 한 가지는 공유하는 가치입니다. 동성애자든 이성애자든 아니면 또 다른 범주에 속하든 상관없습니다. 저는 기꺼이 아버지이자 공동 양육자가 될 의향이 있는 사람을 원할 뿐입니다. 저 역시 그분과 마찬가지로 얼마간의 재정을 부담하겠습니다.

마치 일자리 광고처럼 들린다. 그녀는 자신이 열린 자세로 남자를 구하고 있다고 말하지만, 사실 생각은 꽤 명확하게 정해져 있다. 구체적으로 말하면 남자의 모습을 한 그녀 자신을 구하고 있다. 곧 중산층에 매력적이고 가치관이 같은 남성. 이 대역, 곧 남자 모습을 한 또 다른 자아alter ego와 함께 그녀는 마땅히 [결혼 전에 결혼 생활과 이혼 및 이혼 이후의 상황까지 모든 것을 계산해 협상해 두는] '혼전' 계약서를 작성할 것이다. (다른 자녀, 다른 배우자 같은) 모든 잠재적 갈등 요소들을 미연에 제거하는 것이다.

제니는 '신현실주의' 예비 엄마군에 속한다고 할 수 있다. 이들은 (예컨대 정자를 기증 받아 인공수정으로 임신을 한 후) 아이를 홀로 키우는 게 어떤 건지 알게 되면서 다른 방식을 모색해 보기로 마음먹은 것이다. 제니는 누군가가 양육을 도와주길 원하긴 하지만, 자신이 그 사람이 해줄 역할을 하나하나 좌지우지하고 싶어 한다. 그녀는 모든 돌발 상황에 대한 대비책을 마련하고 싶어 하며, 심지어는 때가 되어 아이가 그런 계약 사항을 알게 될 때 그 일을 감당할 수 있도록 도와줄 심리 치료사를 고용하는 것도 고려 중일 것이다. 그러나 아무리 세심하게 계획을 세운다 하더라도 결국에는 관련된 이들(아이와 공동 양육자)이 분명 자신의 욕망과는 상반되는 기대와 욕망을 품고 있음을 받아들여야 할 것이다.

물론 제니는 극단적인 사례에 해당한다. 하지만 미국 여성

단체 '자발적 비혼모'Single Mothers by Choice 역시 [출산과 양육을] 합리적으로 통제하는 같은 기준을 적용해 왔다. 이 단체는 자발적으로 비혼모가 된 여성들을 규합하는 단체다. 추측컨대 아이를 갖겠다는 그들의 욕망은 타인과는 관련이 없었다. 비록 나중에 짝을 이룬다 하더라도 본래 비혼모로 시작했다는 바로 그 사실로 회원 자격이 유지되는 것이다.

그런데 아이를 가지는 것은 어느 정도로 합리적 선택의 문제이고 무의식적 기제와는 얼마나 관련이 있을까? 아이를 가질지 말지를 결정할 때 우리의 욕망이나 파트너의 욕망, 그리고 부모의 욕망과 사회의 욕망에 대해 얼마나 책임질 수 있을까? 또 선택에 대한 사회의 사고방식은 사람들이 아이를 가지는 태도와 방식에 어떤 영향을 미칠까?

권리에서 선택으로

지난 이삼십 년간 출산과 관련한 선택의 문제는 논쟁의 대상이었다. 서구 여성들이 이를 선택할 수 있게 된 것은 피임약의 개발 덕이었다. 이 약이 개발되면서 여성들은 섹스를 출산에서 분리하고 자기 몸을 좀 더 통제할 수 있게 되었다. 그러나 출산을 통제할 수 있게 하는 의술과는 별도로, 아이를 갖는다는 게 어떤 의미인지에 관한 우리의 인식은 우리가 살고 있는 특정한 문화적 환경에 깊은 영향을 받는다. 내가 자란 사회주의 국가 유고슬라비아에서는 별 다른 어려움 없이 낙태 시술을 받을 수 있었고, 피임 용품도 무료였다. 나는 커 가면서 아이를 가질지 말지는 각자가 결정할 문제라고 배웠다. 하지만 그 문제에 직접 직면해 보니 이 선택의 자유는 그리 자유롭지 않았다. 아이를 갖기에는 늘 적절한 시기가 아닌 것 같았다. 언제나 먼저 해야 할 다른 일들이 있었다. 책도 써야 했고, 방문 교수도 가야 했으며, 아파트도 사고, 가봐야 할 곳들도 적지 않았다. 나는 의사에게 내가 얼마나 더 기다릴 수 있는지 물었다. 아이가 있는 친구들에게는 그 선택을 후회해 본 적이 없는지 물었다. 아이를 갖지 않은 이들이 만족스러워 하는지도 알아보았다. 나는 이상적인 선택을 하려고 안간힘을 다하고 있었다.

정치적 상황이 달라지자 아이를 가질지 말지의 결정은 우익 민족주의 정당들에 의해 흑백 논리로 제시되었다. 여성에게는 육아와 직장 생활 사이에서 선택할 권리가 있긴 했지만, 육아가 옳은 선택이었다. 크로아티아에서는 프라뇨 투지만Franjo Tudjman 대통령이 낙태권은 또 다른 권리 — 각 가정이 원하는 만큼 아이를 가질 권리 — 를 강화하기 위해 존재하는 것이라고까지 말했다.

공산주의 국가들은 낙태권에 대한 견해를 수차례 바꿨다. 일부 정권에서는 여성들이 불법 낙태 시술로 합병증에 걸려 직장 생활을 하지 못한다는 것을 실감하고 나서야 낙태를 허가했다. 또 일부 정권(이를테면 루마니아의 차우셰스쿠 정권)에서는 인구를 늘릴 목적으로 낙태를 금지했다.[1]

유감스럽게도 전 세계 많은 나라들이 여전히 여성의 낙태권을 인정하지 않고 있다. 낙태에 대한 공적 토론이 오래 계속됐던 나라들에서는 그것이 [여성 개인의] 선택의 문제인지, [여성이 시민으로서 당연히 누려야 할] 권리rights의 문제인지를 둘러싼 미묘한 이데올로기적 전투가 있었다. 예를 들어 미국에서는 1977년 하이드 헌법 수정 조항Hyde Amendment으로 저소득층 의료보험 지출 중 빈민 여성의 낙태를 지원하는 금액이 끊겼고, 이후 이 주제에 관한 공적 담론에서 '낙태권'이라는 용어는 서서히 '선택권'으로 대체되었다. 어느 사이엔가 소비자 운동의 용어가 출산 관련 논쟁에 침투하기 시작했고, '권리'라는 용어의 사용과 관련한 정치적 측면들은 공적 토론의 가장자리로 점점 더 밀려났다.

리키 솔린저Rickie Solinger는 미국의 낙태권을 분석하면서, '선택'이란 용어의 사용에는 애초부터 계급적인 내용이 담겨 있었다고 지적한다. 임신하는 데 문제가 있는 중산층 여성들에게는 특권이 있는 것으로 여겨졌다. 그들에게는 그런 불운에 대처할 수 있는 선택지들이 많았다. 체외수정을 비롯한 의학의 도움을 받아 임신하는 고가의 서비스를 고려할 수 있었고, 대리모를 살 수도 있었으며, 입양도 할 수 있었다. 반면 빈민 여성들에게 그런 선택지들은 그림의 떡이었다. 또한 가난한 여성이 아이를 가지면 경제적으로 무책임한 행동 — 곧 잘못된 선택 — 으로 간주되었다. 의사들은 흔히 십대 어머니와 비혼 빈민 여성에게 아이를 낳지 말거나 입양시키라고 권했다. 빈민 유색인종 및 미국 원주민 여성에게는 불임수술이 강요되었고, 1970년대 초에 그런 관행을 금지하는 법이 통과된 후에도 일부 주에서는 계속되었다.[2] 경제력이 있는 여성들만이 사회적으로 인증된 모성성에 대한 정당한 접근권을 부여받으며, 그런 자원을 갖추지 못한 여성들은 동일한 권리를 갖지 못한 것으로 간주된다는 점이 출산권에 대한 논쟁들에서 분명해졌다.[3] 생활보호를 받는 빈민 여성의 경우에는 선택이 더 복잡했다. 한편으로 그들의 임신 결정은 아이에게 부당한 것으로 간주되었고, 다른 한편으로는 정부의 지원을 받을 수 있는 특정한 경제적 선택으로 간주되었다. 즉, 중산층 여성은 감당할 수 없다면 아이를 낳지 않기로 결정할 수 있는 반면, 가난한 흑인 여성은 복지 수당을 받으려고 임신한다는 식의 인식이 있었다.[4]

따라서 복지 제도에 대한 보수주의적 비판의 맥락에서 보면 가난한 여성들이 가난한 이유는 선택을 잘못 내렸기 때문이었다. 그들은 또한 미국에서 1960년대부터 형성되어 온 합리적 소비자라는 이상을 구현하지 못했다. 또 복지 제도를 부당하게 이용하는 자로 간주되어 사회의 짐으로 여겨졌고, 빠르게 발전하는 소비사회에 기여하지 못하는 사람들로 인식되었다. 빈민 여성 대다수는 직장도 돈도 없었기에 사회의 번영을 위해 바람직하다고 여겨지는 수준만큼 소비할 수 없었기 때문이다.

권리와 선택은 1970년대에 더욱 진화했다. 태아의 권리가 인정되었고, 아버지에게는 그 아이에 대한 특별한 권리가 있다고 간주되었다. 동시에 아동의 권리라는 관념이 발전하기 시작했다. 그러나 솔린저가 지적하듯이, 미국에서 여성들에게는 '아류 권리'인 '선택권'만이 주어졌다.[5]

선택과 대리모 행위

미국에서는 가난한 여성이 아이를 갖는 것은 잘못된 선택이라는 생각이 점점 늘어나면서 그런 선택을 제한하는 방법을 주제로 한 공적 토론이 곳곳에서 열렸고 불임수술, 피임 기구 및 피임약의 장기 사용, 그리고 특히 입양 제안이 등장했다. 반면, 중산층 여성은 자기 아이를 가질 수 있는 형편이 될 뿐만 아니라, 합리적 선택을 내릴 능력이 없다고 간주되는 여성들에게서 아이를 입양하거나 돈을 지불하고 대리모를 쓸 수 있는 존재로 간주되었다.

예컨대 저널리스트로 일하는 중산층 여성 알렉스 쿠친스키 Alex Kuczynski는 불임이어서 아이를 대신 낳아 줄 가난한 대리모 캐시를 고용하기로 결정했다. 알렉스는 자신의 경험을 기록한 글을 이렇게 시작한다.

몇 달이 지나는 동안 뭔가 이상한 일이 일어났다. 캐시의 배가 불러 갈수록 난 임신하지 않았다는 사실에 내가 기뻐한다는 것을 — 실제로 정말 행복하다는 것을 — 점점 더 절감하게 되었다. 나는 앞으로 일어날 일에 어리둥절한 기분이면서도 이상하게도 내심 안도감이 들었다. 실제로 몸으로 아기를 배고 있다는 짐을 벗은 것이다. 만약 내가 아이를 임신하고 출산 예정일까지 버틸 수 있었다면 그렇게 했을 것이다. 하지만 나는 베비이비욘Baby Bjorn[스웨덴 유아용품 전문업체] 같은 벨트에 5킬로그램 무게의 강아지를 안고 하이킹을 했을 때 한 시간도 안 돼 허리가 아파 왔다. 캐시는 점점 더 배가 불러 갔고, 제약도 더 많아졌다. 반면 나는 어머니가 되기까지 얼마 안 남은 마지막 몇 달을 잘 활용해 행복하게 보냈다. 콜로라도 강에서 빠르기 10단계의 래프팅을 즐겼고, 스키 레이싱 캠프에 가서 산에서 시속 100킬로미터로 내려오는 경주도 했으며, 버번위스키도 마시고 슈퍼볼도 보러 다녔다.[6]

알렉스는 더 나아가 대리모를 이용해서 누린 기쁨을 정당화한다. 자신은 그것을 잘해 내지 못했을 것이고 심신도 너무 시달렸을 텐데 캐시는 임신에 정말로 적합했다는 것이다. 캐시는 자신을 '이지-베이크 오븐'Easy-Bake oven[전기식 장난감 오븐]에 비유하면서 자기에게는 임신이 신체적으로든 정서적으로든 정말로 고된 일이 아니라고 말했다. 대리모가 되기로 선택한 캐시의 결정은 궁극의 선택 행위, 곧 개인적 이득을 위해 자기 몸을 상품화하는 선택으로 보일 수 있다. 그러나 그녀는 자신의 행동을 다르게 설명했다. 누군가를 대신해 임신을 해준다는 게 무언가를 주는 사람, 곧 다른 여성의 꿈을 실현시킬 수 있는 사람으로 여겨질 수 있다는 것이었다.

캐시는 대리모가 된다는 것의 의미에 관해 특정한 환상을 만들어 냈다. 그저 노동의 대가로 돈을 받는 게 아니라 누군가를 위해 선행을 베푼다고 생각한 것이다. 아마 누군가는 이런 환상 이면에 어떤 개인사가 숨어 있는지 궁금해 할 것이다. 캐시가 양육되는 과정에 무슨 일이 있었던 것일까? 그녀는 자신이 품고 있는 아이에 대해 어떻게 생각했을까? 그것이아기가 일종의 선물과도 같은 것이라 끊임없이 누군가에게 주어야만 하는 것이라고 생각했던 걸까? 그렇다면 누구에게?

대리모에게는 아기가 선물이라는 관념이 특정한 상징적 가치를 지니는 경우가 많다. 이는 종교적·희생적 환상들과 얽혀 있을 수도 있고 과거에 어떤 사람에게 진 일종의 무거운 무의식적 빚을 갚고 있다는 생각과 얽혀 있는지도 모른다. 대리모는 그런 환상 속에서 그에게 아이라는 선물을 주고 있는 것이다. 대리모에게는 임신이라는 사실 자체가 온갖 가능성을 의미한다. 그녀는 다른 여성에 주는 선물인 아기를 임신하는 과정을 겪는 것 말고도 몸이 달라지는 경험이나 임신부가 가족과 사회에서 차지하는 위치를 통해 특정한 즐거움을 얻을 수도 있다. 또한 아이를 내줘야 할 때 아이와의 이별을 감내할 수 있는 자신의 능력에서 고통스런 만족감을 느낄지도 모른다.

대리모 고용에 대한 알렉스의 설명을 잘 들어보면, 다소 착취적인 어조를 느낄 수 있다. 그녀가 묘사하는 바에 따르면, 대리모 임신은 사고방식이 자유로운 사람들이 이용하는 일종의 노동이다. 사람들이 대신 일해 줄 다른 직종의 사람을 고용하듯이, 바쁘고 부유한 여성은 대리모 이용을 검토할 수 있다는 것이다. 착실한 소비자가 자기만족을 위해 스스로에게 한턱내듯이 말이다.

자녀 선택을 통한 자아의 선택

하지만 출산 문제에서 선택은 부모가 아이를 가질지 말지를 선택하는 문제일 뿐만 아니라 어떻게든 부모가 되겠다는 '선택'이기도 하다. 그들은 어머니나 아버지의 역할과 동일시할 필요가 있다. 때때로 그들은 이 선택을 분명하게 내리지는 않는다. 예컨대 어떤 어머니는 딸에게 자매처럼 행동할 수도 있고, 어떤 아버지는 아버지의 역할을 맡지 않으려 할 수도 있다.

아버지를 애타게 찾는 공개 쇼는 이제 진부한 풍경이 되었다. 미국의 텔레비전 프로그램 〈모리 포비치 쇼〉 *Maury Povich Show*

는 친부 확인을 두고 다투는 이들에게 무료로 DNA 검사를 해준다. 그러나 생물학적 아버지로 확인되는 것과 보호자로서의 아버지 역할을 맡는 것은 별개의 일이다. 여성이 사망한 이의 정자로 임신하는 경우에도 문제가 발생한다. 이런 경우에는 아버지의 동의를 어떻게 따져야 하는가가 문제다. 프랑스에서는 한 여성이 사망한 남편의 냉동 정액으로 임신을 했는데, 아이가 죽은 아버지의 성을 이어받을 권리가 있는지를 두고 법적 논쟁이 벌어졌다. 이스라엘에서는 부모가 죽은 아들의 정자를 이용해 아들과 생면부지인 여성에게 아이를 갖게 할 수 있다는 법원 판결이 있었다. 부모는 이 판결로 대를 이을 수 있게 되었다고 말했다. 아들이 아버지가 되고 싶어 했다는 문서화된 발언은 없었지만, 가족은 그것이 아들의 오랜 소망이었다고 주장했다. 비슷한 사례는 또 있다. 미국 법원은 사고로 사망한 21세 남성의 어머니에게, 나중에 의사가 아들의 정액을 채취할 수 있도록 시신을 보존할 권리가 있다고 판결했다. 어머니는 아들이 자기 아들 셋을 갖고 싶다고 이야기했고, 작명도 해두었다고 주장했다. 어머니는 이런 소망을 이루고 아들의 일부를 살아 있게 하고자 법원에 호소했던 것이다. 이 같은 사례들에서와 같이 죽은 이의 정자가 인공수정에 사용될 경우 선택과 권리라는 관념이 새로운 방식으로 재해석되기도 한다. 부인(혹은 이스라엘과 미국의 경우에는 부모)은 흔히 죽은 이의 정자를 이용해 아이를 가질 권리를 언급하고, 법원은 만약 그가 여전히 살아 있었다면 내렸을 선택을 추론한다.

죽은 이의 정자로 임신한 경우, 어느 정도는 아버지에 대한 기억을 영속시키기 위해 창조된 아이들이 어떻게 죽은 아버지와 거리를 둘 것인지 문제가 될 수 있다. 그들은 자신을 채취되어 길러진 사람, 즉 죽은 사람의 일종의 복제물로 생각하게 될까? 이 아이들 가운데 일부는 자신에게 생명을 준 이에 관한 환상 탓에 압박감을 느낄 게 분명하다. 또한 다른 이유가 아니라 정말 자신을 원해서 낳은 것인지 의문을 품게 될 수도 있고, 자신에게는 선택의 여지가 전혀 없었다는 사실에 분노할지도 모른다.

자녀의 이름을 선택하는 것에는 흔히 특정한 유형의 환상들이 존재한다. 예를 들어 프랑스 철학자 루이 알튀세르는 자기 이름이 죽은 사람의 이름을 따서 지어졌다는 사실에 깊은 영향을 받았다. 그의 어머니는 젊었을 때 루이라는 남성과 사랑에 빠졌다. 비극적이게도 루이가 죽자 그녀는 진정으로 사랑하지는 않은 한 남성과 결혼하고는 아들 이름을 루이로 하기로 마음먹었다. 이 선택은 어린 루이의 삶을 오랫동안 특징지었다. 이를테면 그는 자신이 죽은 연인의 대역이라고 느꼈다. 이 경우에서도, 상실을 감당할 수 없던 어머니는 연인의 대리인인 아이를 가짐으로써 연인을 상징적 차원에서 살아 있게 하려 했다. 그러나 문제는 옛 애인의 대체물이라는 상징적 역할을 떠맡은 소년 루이는 자기 정체성을 가질 기회와 어머니에게 사랑받을 기회를 잃었다는 것이다. 어머니의 죽은 연인과의 관련을 통하지 않고서는 말이다.

오늘날 아이를 갖는 문제에서 어떤 선택을 할 것인지를 둘러싼 고군분투 속에서 사람들이 겪는 딜레마는 점점 늘어나고 있다. 때때로 사람들은 계약 조건을 상세히 작성해 이런 딜레마를 처리하려 한다. 예컨대 미국에서는 어떤 게이 커플이 아이를 갖기로 결정한 후 난자를 기증해 줄 여성과 임신해 줄 여성을 구했다. 커플은 아이가 여섯 살이 되어야만 '유전상의' 어머니가 아이를 만날 수 있게, 또 '출산한' 어머니는 아기를 낳은 후 잠시 동안만 아이를 볼 수 있게 했다. 이렇게 조건들을 세세히 정해 두는 이유는, 누가 어머니인가 라는 문제를 정리하고, 아이에 대한 어머니의 잠재적인 권리를 미리 제한하기 위해서다. 하지만 이 커플이 그 문제를 합리적으로 해결하길 바란다 하더라도, 아이가 자신의 존재와 생활에서 어머니가 차지하는 역할에 관해 환상과 딜레마들을 만들어 내는 것은 결코 통제할 수 없을 것이다.

정신분석학에 따르면, 개인이 아이를 가지려는 결정에는 합리적 선택으로 설명할 수 없는 많은 측면이 있다. 첫째, 결정하는 이의 부모가 그 결정에 큰 영향을 미칠지도 모른다. 아이를 가지려는 여성이나 남성의 욕망 이면에는 당연히 그들의 어머니나 아버지의 욕망이 존재한다. 즉, 아들은 자기 아들을 자신의 어머니에게 주는 일종의 선물로 생각할 수도 있고, 딸은 아이의 외할아버지에게 가장 강력한 부권의 역할을 부여함으로써 배우자(생물학적 아버지)의 아버지 역할을 약화시킬 수도 있다. 여성은 배우자에게 자신이 어떤 의미인지를 확인시켜 줄 증거를 원하기 때문에 아이를 갖고 싶다고 주장할지도 모른다. 그녀는 이렇게 말할 것이다. '날 사랑한다면 나와 아이를 가지겠죠.' 그녀는 아이를 향한 자기 욕망을 표현하는 게 아니라 오히려 자신을 향한 배우자의 욕망을 묻는 것이다. 아내가 아이를 원해서 아버지가 된 남성의 경우, 그녀에 대한 자신의 사랑이 식었다는 것을 발견하게 될 수도 있을 것이다. 그는 아마도 전에는 자신의 아내를 이상화하면서 자신이 그녀를 아주 사랑한다고 생각했겠지만, 그녀가 어머니가 되자 그가 갖고 있던 자신의 어머니를 향한 무의식적 욕망이 표면화될 수도 있다. 그의 어머니는 금지된 사랑의 대상이고, 따라서 아내가 어머니의 역할을 맡게 되자 그녀는 그 금지된 근친상간 대상의 역할을 맡게 된 것이다. 프로이트는 일부 남성들은 이런 딜레마를 풀고자, 사랑의 대상을 순결하고 이상적인 여성(금지된 여성)과 창녀(업신여기고 성적으로도 향락의 대상으로 삼을 수 있는 여성)로 나눈다고 지적했다.

정자 기부자를 구하는 여성들의 사례를 살펴보면, 영원히 접근할 수 없는 이상화된 사람을 향한 욕망을 보여 주는 경우가 많다. 『뉴욕타임스』 보도에 따르면, 오늘날 정자 기부자를 찾는 여성들은 먼저 기부자의 온갖 정보(학력 및 학점, 웃는 얼굴, 체구)를 요청한다. 간혹 이 여성들은 이상화된 기부자에게 반하고, 그에게 접근할 수 없다는 사실만으로도 그 감정은 커진다. 여성이 특정한 기부자를 고르는 선택이 아무리 합리적일지라도 항시 이 선택은 복잡다단한 욕망과 관련한다. 그녀는 또한 아버지나 떠나간 애인을 닮은 기부자, 아니면 아이의 사랑을 얻기 위해 경쟁하지 않아도 될 기부자를 고를지도 모른다. 그녀는 기부자가 어떻게든 영원히 자신의 것이 될 것이라는 이유로 그를 고르는 것인지도 모른다. 즉, 그에게 접근할 수 없기에 그녀가 그에 관해 품은 환상이 현실에 의해 깨지는 일은 결코 없을 것이다.[7] 그러나 어머니가 아이를 가지고 낳으면서 느낀 다양한 욕망에 아이가 어떻게 반응할지는 결코 알 수 없다.

욕망에서 요구로

최근 미국에서는 여덟 쌍둥이가 태어나면서 출산에서 선택과 요구(이 책의 79쪽 각주 참조)에 관한 새로운 논쟁이 일었다. 여덟 쌍둥이의 어머니가 된 나디아 슐먼Nadya Suleman은 체외수정으로 이미 여섯 아이를 둔 싱글맘이었다. 이 사실을 계기로 의학의 도움을 받는 출산으로 낳을 수 있는 아이의 수, 특히 한꺼번에 착상시킬 수 있는 수정란의 수를 제한해야 하는가 라는 문제가 제기되었다. 체외수정 시술을 받을 때 슐먼은 이전 시술에서 남은 수정란 여섯 개를 착상시켰다(이후 수정란 두 개가 분열해 여덟 명의 아이가 되었다). 슐먼은 이렇게 이야기했다. '이들은 제 아이들에요. 제가 쓸 수 있는 수정란이었고, 그래서 제가 사용한 것일 뿐이죠. 위험을 감수한 건 저라구요. 그건 도박과도 같은 거예요. 체외수정이란 게 늘 그런 거잖아요.'

그녀는 항상 대가족을 갖고 싶었다고 했다. 그녀는 외동딸이었고 부모에게서도 친밀함을 거의 느끼지 못했다. 그래서 성인이 되어서는 헌신적이고 다정한 어머니가 되어 상처를 치유하고 싶었다. 그녀의 어머니 앙젤라Angela에 따르면, 나디아는 애인에게서 정자를 받아 모두 열네 명의 아이를 낳았지만 결혼은 거부했다. '그는 내 딸한테 반해서 결혼하고 싶어 했지요. 하지만 나디아는 자신만의 아이를 갖고 싶어 했습니다.' 나디아 슐먼이 독실한 신자임을 지적할 필요가 있다. 그녀는 여덟 쌍둥이 모두에게 성경 속 인물의 이름을 따 이름을 지어 주었다. 그렇게 많은 아이를 키우기에 충분한 돈이 없다는 사실을 생각해 본 적 있느냐는 질문에 그녀는 이렇게 답했다. '하느님이 주실 거라고 늘 믿었습니다.'

슐먼 사례는 출산과 관련된 선택을 제한하는 것을 둘러싼 온갖 질문들을 야기했다. 부모가 체외수정 시술을 요구할 때, 의료진은 이를 어떻게 제한할 수 있을까? 특히 이미 아이가 많은 부모의 경우나 아이들을 부양할 능력이 없는 경우에 말이다. 한 번에 착상시킬 수 있는 수정란 수를 제한해야 할까? (많은 수정란을 한 번에 착상시키는 시술의 경우 산모와 아이 모두에게 큰 위험이 따르기 때문에 분명 의사가 잠재적 위험들을 경고하게 해야 한다.) 정자 기부자(생물학적 아버지)에게, 인공수정에서 자신의 정자를 몇 차례 사용할 수 있는지를 제한하는 권리를 주어야 할까? 또 그가 몇 명의 아이의 아버지가 될 수 있는지, 혹은 그의 정자가 몇 명의 여성에게 쓰일 수 있는지를 제한해야 할까?

정신분석 이론이라는 렌즈로 이 문제들을 검토한다면, 기저의 정신병적 구조를 파악하는 게 관건이다. 누군가가 더 많은 아이를 가지려는 한없는 욕망을 품고 있다면 그 사람에게 아이가 상징하는 것은 무엇일까? 슐먼의 사례에는 사람들이 잘 포착하지 못한 점들이 있다. 그녀가 수정란을 자신의 연장물延長物, 낭비해서는 안 되는 요소들로 간주했고, 또 정자 기부자가 이를 어떻게 느낄지 결코 묻지 않았다는 것이다. 또한 그녀는 아이들을 아주 많이 가지려는 선택에 아이들이 어떤 반응을 보일지도 고려하지 않았다. 적지 않은 평론가들은 슐먼의 얼굴이 안젤리나 졸리와 많이 비슷하고, 그녀가 졸리와 비슷해질 요량으로 성형수술을 받았을지도 모른다고 지적했다. 현재 졸리의 가족이 빠르게 늘어 가고 있기 때문에 슐먼의 동일시는 그 수준이 더 심각해질 수 있다.

정신분석가들은 아이를 가지려는 중년 여성들의 욕망 가운데 나타난 또 다른 현저한 변화에 주목해 왔다. 직장 여성이라면 직장 생활의 전망에 불안을 느낄 수도 있다. 기혼 여성은 아이를 가지면 결혼 생활에 어떤 변화가 생길지 염려할 수 있다. 독신 여성은 홀로 아이를 감당할 수 있을까 하고 고심할지 모른다. 이런 불안 때문에 여성들은 자신이 정말로 아이를 원하는지를 판단하는 데 도움을 줄 정신분석가를 찾아갈 수 있을 것이다. 그들은 정신분석을 받으면서, 부모가 자신을 원했는가라는 문제에 직면해야 할 수도 있다. 부모가 자신을 결코 원하지 않았고, 자신이 어떤 점에서든, 직접적으로든 간접적으로든 거절당했음을 깨닫게 될지도 모른다. 어머니가 될 여성들은 분명 똑같은 실수를 피하고 싶을 것이다.

그러나 욕망에서 요구로의 독특한 변화가 발생해 왔다. 환자들은 자신이 아이를 가질 준비는 되어 있는지, 그것을 감당할 능력이 있는지 의문을 가지는 대신에 이제는 아이를 요구한다고 선언한다. 이렇게 말하는 여성도 있을 것이다. '아이를 가지고 싶어요. 아이를 가지는 건 내 권리인데, 남편이 막고 있어요.' 때때로 그녀는 의사가 자신의 권리를 방해한다고 생각할지도 모른다.

선택 이데올로기는 이와 같은 욕망에서 요구로의 전환을 주도했다. 그렇다면 이는 앞으로의 아이들에게 어떤 영향을 미치게 될까? 부모가 자신을 어떤 식으로 욕망했는가의 문제를 다루는 것과, 어떤 식으로 '요구'했는지를 받아들이는 것은 별개의 문제다. 아이를 가지겠다고 '요구'하는 여성은 분명 아이가 어떻게든 자신을 완벽하게 해주리라고 믿을 것이다. 그녀는 아이와 떨어지는 것을 몹시 힘들어 할지도 모르고, 그 결과 아이는 숨 막혀 할 것이다.

정자를 기부 받아 임신한 경우, 어머니는 자신의 선택을 아이에게 설명하고, 또 왜 그런 특별한 방법으로 출산하기로 결정했는지에 관한 이야기를 만들어 내야 할 것이다. 아이는 분명 아버지에 관해 수많은 질문들을 할 것이다. 어머니는 이런 질문들을 견디고 아이를 위로해야 할 것이다. 너를 간절히 원했고, 생물학적 아버지는 없지만 다른 수많은 이들이 너를 사랑한다는 바로 그 사실을 강조하면서 말이다. 텔레비전 인터뷰에서 나디아 슐먼은 아이들이 좀 크자 아버지에 관해 매일 같이 질문을 한다고 인정했다. 이런 질문을 받으면 그녀는 열여덟 살이 되면 아버지가 누구인지 알려 주겠다고 이야기한다고 한다. 그런데 그때가 되면 아이들은 아버지를 찾아야 할 것인가 라는 '선택'에 직면하게 될 것이다. 그렇게 미래의 일로 돌려 아이들에게 짐을 지우는 게 어머니의 입장에서는 곤란한 대화를 피하는 손쉬운 방법일지도 모른다. 그러나 아버지/기부자는 정자를 애인에게 기증한 후에 자신의 삶이 어떻게 되는지와 관련해서는 그 어떤 선택도 하지 못한 것으로 보인다.

까다로운 선택

아이를 가질지 말지를 결정하면서 서로 충돌하는 욕망과 씨름하는 많은 여성들은 의식적으로든 무의식적으로든 자신이 세상에 어떻게 나왔을까 라는 질문에 맞닥뜨린다. 일부 여성들은 자기 어머니가 품었던 욕망의 본질이 무엇인지 곰곰이 생각해 보게 되었다고 말한다. 또한 어머니가 자신을 가지려 했던 욕망을 추측하고 이해해 보려 했고, 그것이 아이를 가지려는(혹은 가지지 않으려는) 자신의 결정에 영향을 미쳤다고 이야기한다.

심리치료사 필리스 자이먼 토빈Phyllis Ziman Tobin은 아이를 가질지 말지 고심하는 여성들과 면담하면서, 이들 가운데 다수가 자신의 불확실한 마음의 근원을 헤아리다가 자기 어머니의 양가감정을 돌아보게 되었다는 사실을 발견했다. 특히 이런 사례의 여성들은 1960년대와 1970년대에 상충하는 문화적 관념 및 관습들을 상대하던 어머니들을 두고 있었다. 당시에는 상당수의 미국 여성들이 일터로 진입하고 있었지만 가정주부라는 관념이 여전히 이상이었다. 많은 여성들이 변화와, 그로 인해 통제력을 잃게 될까 봐 두렵다고 말했다. 그들은 몸과 생활 방식이 달라질까 봐 걱정했다. 또한 아기를 책임지는 것도 불안해했다. 어떤 이들은 '어머니'라는 말이 정말로 무엇을 의미하는지, 이를테면 어머니는 어떻게 처신하고, 느끼고, 보여야 하는지에 대해서도 막연한 감정을 느꼈다. 공통으로 하는 푸념은 이랬다. '난 우리 엄마처럼 우울해 보이고 싶지 않아요.' 아이를 가질지 말지 고심하던 이 여성들은 모두 어머니상에 대한 관념이 뭔가 남달랐다. 진Jean이란 환자는 어머니도 할머니도 산후 우울증을 앓았다고 했다. 그녀는 자기도 그럴까 걱정했다. 진의 걱정은 이것만이 아니었다. 어머니가 자녀들을 위해 집에 머물며 자신을 희생하며 살았다고 이야기한 적이 있었고, 또 어머니가 교사로 복직했을 때 더 행복해 보였기 때문이다. 또 다른 환자 다이애나는 어머니가 자신과 그랬듯이, 아이와 홀로 남겨지는 위험을 감당할 수 없었다. 외로움에 대한 두려움은 아이를 가지면 결혼 생활도 무너지리라는 두려움과도 결부되어 있었다. 다이애나는 이런 염려들을 반추하면서, 남편이 겁먹고 도망가 결국에는 참담한 이혼으로 끝난 어머니의 인생사를 다시금 반복하고 싶지 않음을 깨달았다. 그녀에게 아이를 가질지 말지의 결정은 그녀가 어머니의 삶을 그대로 재현하는 것은 아닌지에 대한 고민과 밀접하게 연결되어 있었다. 하지만 남편이 암 진단을 받자 그녀는 결국 아이를 가지기로 했다. 이 사례에서는 상실이란 문제가 새로운 방식으로 나타났다. 처음에는 상실에 대한 두려움 때문에 아이를 가지지 않았는데, 나중에는 바로 그 두려움 때문에 임신을 하기로 한 것이다.

여성이 아이를 가지기로 결정했는데 불임일 때는 또 다른 정신적 외상을 겪는다. 그녀는 모든 것이 가능하다는 느낌을 잃어버린다. '모든 것을 다 가져라'라는 관념을 조장하는 오늘날의 사회에서는 그런 상실이 바로 무력감으로 이어진다.

출산에서 선택은 강력한 수단이다. 비록 아이를 가지는 것과 관련해 내리는 선택이 전적으로 무의식적인 경우가 보통이더라도 우리는 우리에게 선택지들이 있음을 아는 것에서 나오는 권력을 포기하지 못한다. 심지어는 불임임을 알 때조차 여성들은 여전히 자위할 수 있다. 자신이 내린 선택이었다고 생각하면 되기 때문이다. 임신할 수 없다는 것을 알게 된 후에도 불임 부부가 계속 피임을 하는 경우는 드물지 않다. 이는 그들이 여전히 출산을 선택의 문제로 간주한다는 표지다.

아이를 가지겠다는 결정이든, 가지지 않겠다는 결정이든 상실에 직면하기 마련이다. 사람들은 자기 마음대로 할 수 없게 되는 것, 과도한 관계의 짐을 지는 것, 통제력을 잃는 것, 자신의 모습 혹은 자기 내면의 어린아이를 잃어버리게 되는 것에 대한 두려움에 직면한다. 다른 한편 아이를 가지지 않겠다는 선택을 하면 상상해 온 미래, 간절히 바라는 유대 관계, 대를 이으려는 계획, 부모나 배우자에게 주려던 선물은 상실하게 된다. 또한 나르시시스적 이미지 ─ 딸이나 아들의 얼굴에서 보게 될 자신의 어린 자아의 이미지 ─ 도 상실할 수 있다.

5

강제된 선택

누구와 어떻게 결혼할지, 무엇을 하고 어디서 일할지, 어디서 어떻게 살지를 곰곰이 생각해 보면 선택지들은 아주 많다. 우리는 각각의 경우에서 저마다의 선택을 통해 열리는 판이한 세계들과 마주한다. 물론 즉각적인 결과보다 더 중요한 것들이 달려 있는 선택에서는 아주 고통스러운 딜레마에 직면한다. 인생에서 중요한 선택을 하는 행위는 새로운 미래를 창조하는 일일 뿐만 아니라 과거를 재해석하는 행위이다. 인간의 동기를 연구하는 경영학 교수 미니어 몰도비아누Mihnea Moldoveanu와 니틴 노리아Nitin Nohria에 따르면, '우리가 결정에서 느끼는 불안은, 시간을 멈추어 영원불멸의 존재가 되려는 은밀한 소망에서 기인하는 게 아니라, 과거에 그럴 수 있었을 텐데 하지 못했던 것과 현재 상태를 조화시키려는 성취되지 않은 소망 때문이다.'[1] 물론 당시에는 하찮아 보이지만 회고해 보면 모든 것을 바꾼 선택들이 있다. 선택이 가능한 오늘날의 사람들에게 이는 불안을 야기하는 수많은 가능성일 뿐만 아니라 상실에 대한 두려움이기도 하다. 우리는 위험을 무릅쓰고 도전하는 과정에서 얻으려는 것보다는 잃게 될지도 모르는 것에 더 무게를 두는 경향이 있다.[2]

로버트 프로스트Rober Frost의 시 〈가지 않은 길〉The Road Not Taken은 이런 선택의 문제를 전형적으로 보여 준다. 그래서 M. 스콧 펙M. Scott Peck이 이 시의 한 구절을 빌려와 대중적으로 큰 호응을 얻은 자신의 자기 계발서 『사람들이 많이 가지 않은 길』 The Road Less Traveled[국내에는 『아직도 가야 할 길』(신승철 옮김, 열음사, 1991)이라는 제목으로 소개되었다]의 제목으로 삼았을 때, 그는 선택에 관한 20세기 가장 유명하고 다의적인 명상을 담은 그 시가 불러일으키는 대중적 반향에 의존하고 있었던 것이다.

숲 속에 두 갈래 길이 있었고, 나는 ―

나는 사람들이 많이 가지 않은 길을 택했네.

그리고 그로 인해 모든 게 달라졌다네.

'사람들이 많이 가지 않은 길'을 택하는 것은 용감한 생각인 것처럼 보인다. 이는 위험을 감수하고서라도 외로운 길을 홀로 묵묵히 간다는 이데올로기를 전형적으로 보여 준다. 하지만 가지 않은 길은 계속해서 머릿속을 맴돌 것이다. 우리는 이 거듭해서 떠오르는 의구심을 떨쳐 내고자 자신이 내린 선택을 뒷받침하는 이야기를 끊임없이 만들어 내고 우리에게 있던 선택지들의 불길한 징조와 이상한 특징들을 상기한다. 하지만 사실 프로스트가 이야기한 숲 속의 비슷한 두 길과 마찬가지로 당시에 우리는 그것들 간의 차이를 볼 수 없었을 것이다.

21세기를 살아가는 실존적 존재에게 제시되는 선택은 아주 흡사해 보이는 두 길 사이의 선택이다. 그런데 우리를 불안하게 하는 것은 누가 봐도 별 차이가 없는 선택이 엄청난 결과를 초래할 수 있다는 사실이다. 모든 것은 겉보기에 임의적인 결정으로 보이는 선택에 달려 있다. 비록 나중에는 사실상 예측이 불가능한 상황에서 대담하게 선택을 내렸다고 이야기할지라도 말이다. 우리는 기억을 보정하고 선별해 '사람들이 많이 가지 않은 길'에 관한 관념을 만들어 낸다. 이로써 우리는 당시에는 무심코 내렸을 선택인데, 영웅적으로 또 신중하게 내린 결정이라고 의미를 부여한다. 또한 가지 않은 길에 대해서는 신비한 매력을 부여한다. 우리는 과거에 이렇게도 될 수 있었을 텐데 하는 생각을 소환함으로써 현재의 일이나 과거의 일과 관련한 불행을 완화할 수 있다. 그런데 참으로 절망적인 것의 근원은 우리가 어떤 길을 선택했던 간에 오직 결과는 지루함과 불만족이었을 것이라는 생각에 있다. 덧붙여 말하면 이는 로버트 프로스트를 사로잡았던, [천국이나 지옥에 갈 사람은 정해져 있다 는] 칼뱅주의적 운명론에 가까운 사고다.

불가능한 선택

프로스트의 시가, 만약 다른 선택을 했더라면 어떻게 되었을까 라는 궁금증과 그런 기회를 잃어버린 것에 대한 일말의 후회에 관한 것이라면, 21세기 초반을 살아가는 현대들은 결코 어떤 선택도 내릴 수 없는 처지에 있다. 선택지들이 너무 많을 때, 선택이 결정적으로 중요해 압박감을 느낄 때, 잘못된 선택을 내리면 그 책임으로 엄청난 불안을 느낄 것 같을 때, 결정을 유보하는 우유부단한 행동은 선택으로 생길 수 있는 후회와 실망을 막아 주는 것처럼 보인다. 프로스트의 숲 속의 남자와는 다르게 오늘날 사람들은 두 갈래의 길 뿐만 아니라 수많은 길이 만나는 교차로에 서있다. 지나치게 많은 길이 있을 때, 바른 길을 선택하는 게 중요할 때 사람들은 거듭 미루고 다양한 선택지들에 관한 정보를 더욱더 갈구하며, 또 실패할 가능성을 막기 위해 결단코 마음을 정하지 못할 수 있다.

압도적으로 많은 가능성들에 직면한 사람들은 선택을 피할 수천 가지 방법을 찾는다. 미국의 정신과의사 피터 D. 크레이머Peter D. Kramer는 『헤어져야 할까?』Should You Leave?라는 도발적인 제목의 책에서 사람들이 연애에 관한 선택을 어떻게 다루는지 보여 준다.[3] 오래 연애해 본 적이 있는 사람이라면 한 번쯤은 크레이머의 질문과 마주했을 것이다. 어떤 이들은 그것을 즉시 무시하고 어떤 이들은 수년간 고심한다. 결정을 내리게 하는 핵심 요인은 그 질문이 얼마나 중요해지고 절박해졌는가에 있다. 그러나 많은 이들은 그런 질문이 떠오르는 것 자체를 단순히 부인해 버린다. 예컨대 어떤 여성은 관계를 유지하는 게 자신의 정체성에 부합하는 유일한 선택지라고 굳게 믿고, 아니면 반대의 근거 — 자신이 떠난다 할지라도 사실 아무것도 변하지 않으리라는 — 를 대면서 헤어지지 않는 행동을 정당화한다. 두 경우 모두에서 그녀는 사실 선택의 여지가 없다고 굳게 믿는다. 우리는 실행이 흔히 되돌릴 수 없는 결과를 낳는다는 사실도 부인한다. 그래서 그녀는 떠날지라도, 다시 돌아옴으로써 이미 내린 결정을 되돌릴 수 있다고 생각한다. 우리가 어떤 길을 선택했을지라도 여전히 다른 길로 되돌아갈 수 있다고 생각한다면, 이 또한 선택을 부인하는 것이다. 이를테면 우리가 그만둔 사랑 이야기는 우리가 없어도 계속될 것이고, 따라서 우리는 헤어지기로 결정한 뒤에 오는 상실과의 대면을 거부할 수 있다. 우리는 조금만 있으면 변화가 가능할 것이라는 환영을 유지할 수 있다. '내일 난 떠날 수 있어.' '언제든 난 다르게 행동할 수 있어.' 우리는 실제로는 결코 떠나지 못하지만, 그럴 수도 있다는 가능성만을 품고 즐김으로써 선택도 하지 않고 상실도 받아들이지 않으면서 근본적 변화에 대한 환상을 유지할 수 있다. 그래서 우리는 선택을 미루거나 그것을 불가능하게 만들기 위해 사력을 다하는 것이다.

헤겔은 주인과 노예의 변증법을 분석하면서, 주인은 사람들의 인정을 받고자 목숨을 건다고 지적한다. 노예는 확실한 미래를 보장 받고자 인정을 단념한다. 선택을 피하는 사람은 노예처럼 행동한다. 고통과 비참에 빠져 있는 현실을 감수하면서조차 확실성에 매달리는 것이다. 알지 못하는 것에 대한 불안을 견디는 것은 알고 있는 것의 우연성을 견디는 것보다 힘들 수 있다.

그런데 알지 못하는 것을 시작하는 상황뿐만 아니라 선택이라는 관념을 상상조차 할 수 없는 상황에서도 선택은 불가능할 수 있다. 윌리엄 스타이런William Styron의 『소피의 선택』Sophie's Choice에는 불가능한 선택에 관한 몹시 고통스러운 사례 하나가 등장한다. 중심 줄거리는 강제수용소 시절에 대한 소피의 끔찍한 기억이다. 나치 군의관은 그녀에게 두 자녀 중 누구를 살리고 누구를 가스실로 보낼지 선택하라고 강요한다. 군의관은 만약 선택하지 않으면 둘 다 죽게 될 것이라고 이야기한다. 그녀는 아들은 살리고 딸은 희생시킨다. 소피는 결코 회복되지 못한다. 아들은 구했다는 믿음에 작은 안도감을 잠시나마 느끼지만, 결국 아들도 수용소에서 죽었다는 소식을 듣는다. 소피는 군의관과 이야기하면서 약간의 기대를 품었었다. 자신은 유태인이 아니라 가톨릭을 믿는 폴란드인임을 밝힐 수 있었기 때문이다. 군의관은 이렇게 말했다. '넌 유대인놈이 아니라 폴란드놈이란 말이지. 그래서 특권 — 선택권 — 을 주는 거야.'[4] 소피는 종교에 희망을 걸었지만, 오히려 이런 정신적인 고문을 받는 구실이 되고 만다. 이 군의관은 종교에 충실하려는 사람이고, 젊었을 때는 목사가 되고 싶어 했다는 소문을 그녀는 떠올렸다. 돈밖에 모르는 아버지가 그에게 의사가 되기를 강요했던 것이다. 선택의 여지가 없는 상황에 내몰렸던 군의관은 이후 소피 같은 이들에게 불가능한 선택을 제시하며 특정한 향락을 느껴 왔는지도 모른다. 화자 스팅고Stingo는 군의관의 행위를 다른 방식으로 설명한다.

> 그는 자기가 참여한 야만적인 범죄에서 지루함과 근심, 심지어 혐오감을 느끼기는 했지만 죄악을 저질렀다는 생각은 하지 않았다. 무고한 사람들 수천 명을 죽음으로 내몰면서도 신성한 법을 어겼다고 생각하지는 않았다. 그 모든 것이 말로 표현할 수 없을 만큼 지루한 작업이었을 뿐이다. 그의 비행은 죄악과 신이 없는 진공상태에서 사무적으로 행해졌으나, 그러는 와중에도 그의 영혼은 천상의 행복을 갈망하고 있었다. 그가 상상할 수 있는 가장 극악무도한 죄악을 저지름으로써, 하느님에 대한 믿음은 회복하면서 동시에 죄악을 저지를 수 있는 인간으로서의 가능성을 보여 주는 것은 굉장히 쉬운 일이 아니었을까? 선은 나중에 오게 되어 있었고, 그보다 먼저 커다란 죄악이 있어야 했다. 교묘하게 관용을 베푼다는 점에서 가장 빛나는 죄악, 바로 선택이었다.[5]

군의관의 입장에서는 소피에게 불가능한 선택을 강요하는 것은 하느님이 다시 활동하게끔 하는 방법, 그러니까 도발적인 죄를 저질러 하느님이 개입하지 않을 수 없게 하는 방법이다.[6] 어떤 의미에서 군의관은 대타자 — 사물의 일관적인 질서 —

를 자신의 삶으로 다시 불러들이는 방법을 찾았고, 어려운 선택에 직면했을 때 우리 모두가 잃고 마는 의미를 대타자에게 부여한 것이다.

정신분석과 선택

선택이 제기하는 궁극의 딜레마는 모든 인간의 삶이 가장 근본적인 수준에서 선택적이라는 사실이다. 알베르 카뮈는 이를 이렇게 표현했다. '자살할까? 커피나 한 잔 할까?' 어떤 삶을 살 것인가를 정하는 온갖 사소한 결정 너머에는 계속 살 것인가라는 질문이 놓여 있다. 우리는 모든 선택에서, 어떤 선택도 내리지 않겠다는 선택지, 즉 선택할 수 있는 능력을 완전히 없애는 선택지는 제외한다. 하지만 우리가 계속 살아간다면 우리의 고통 또한 우리가 내린 선택이 된다. 합리적 선택이란 관념과는 동떨어진 이 선택에 관한 개인의 책임에 대해 정신분석에서는 근본적인 견해를 취한다.

프로이트가 '뉴로센발'Neurosenwahl ― 신경증 선택choice of neurosis ― 이라는 용어를 사용하기 시작한 것은 정신분석 발달사에서 중요한 순간이었다. 프로이트는 자신의 초기 연구를 비판적으로 분석하는 과정에서 '신경증 선택'이란 개념에 도달했다. 처음에 그는 사람들에게 어떤 신경증이 생길지는 유아기의 성적 사건에 달려 있다고 생각했다. 그러나 나중에는 자아ego에서 일어나는 억압repression과 방어의 본질이 더 중요한 결정 요인이라고 판단했다. '이는 특정 개인이 아동기에 어떤 성적 경험을 했는가의 문제가 아니라 오히려 이 경험들에 대한 반응 ─ "억압"을 통해서 그것들에 반응했는가 하지 않았는가 ─ 의 문제다.'7 따라서 반응은 일종의 선택이고, 개인은 자신의 신경증에 책임이 있다.8 개인은 외부의 힘(예컨대 사회와 부모)의 산물일 뿐만 아니라 '장본인' ─ 이런 힘들에 대해 스스로 반응하는 사람 ─ 이다. 하지만 이 반응들은 합리적 선택이 아니다. 오히려 무의식의 수준에서 내린 '선택들'이다.

　자크 라캉은 주체성의 형성(그는 '주체화'subjectivisation라는 용어를 사용한다)을 선택과 연관된 것으로 인식했다. 그러나 여기서 선택은 자기 형성self-making과 같은 것을 의미하지 않는다. 즉, 자신이 누구인지를 합리적으로 결정하거나 자신을 예술 작품으로 만드는 것 같은 게 아니다. 라캉에게 주체화란 대타자 ─ 주체가 태어나는 상징적 구조(예컨대 언어, 문화, 제도) ─ 가 주체를 특정한 방식으로 특징짓는 과정에 관한 것이다. 이는 단지 주체가 사회화를 거쳐 자기도 모르게 사회적 존재가 된다는 것만이 아니다. 주체가 되는 것은 또한 특정한 순간의 선택, 곧 합리적 선택이 아니라 라캉이 '강제된 선택'이라 부른 것과도 관련한다.

라캉은 세 사형수에 관한 일화를 들어 '강제된 선택'의 논리를 설명한다. 간수는 세 수감자에게 알아맞히기 게임을 풀면 사형을 면할 수 있다고 알린다. 게임은 이렇다. 수감자의 등에는 저마다 검은색 또는 흰색의 둥근 표지가 하나씩 붙어 있다. 흰색 세 개, 검은색 두 개, 즉 모두 다섯 개의 표지가 있는데, 간수가 이 가운데서 세 개를 — 수감자별로 하나씩 — 붙이는 것이다. 수감자는 자기 등에 붙인 표지 색을 볼 수 없고 다른 두 명의 것은 볼 수 있다. 수감자들은 서로 이야기할 수 없는 조건에서 자기 표지 색을 알아맞혀야 한다. 석방은 먼저 알아낸 수감자에게 돌아간다. 한 수감자는 흰색이고 두 수감자는 검은색인 경우라면, 흰색 수감자는 어렵지 않게 문제를 풀 수 있다. 두 사람이 검은색인 것을 보면 자신이 흰색임을 바로 알 수 있기 때문이다. 이런 경우에는 눈만 뜨고 있어도 게임에서 이길 수 있다. 한 명이 검은색이고 다른 둘이 흰색인 경우에는 상황이 더 복잡해진다. 다른 둘이 각각 검은색, 흰색임을 본 수감자는 이렇게 추론할 것이다. '만약 내가 검은색이라면 흰색 수감자는 검은색 둘을 봤을 테고, 그러면 방을 나갈 수 있었다. 그런데 방을 나간 사람이 없었기 때문에 내가 흰색임이 분명하다.' 세 수감자 모두 흰색인 경우에는 훨씬 더 복잡한 우회로를 고려해야 한다. 셋 모두 이렇게 추론할 것이다. '둘은 흰색이다. 내가 검은색이라면 다른 둘은 자신이 흑인지 백인지 추론할 것이다. 셋 중 둘은 백이고 하나는 흑인 경우처럼 말이다. 그런데 다른 둘 중 어느 누구도 움직이지 않았으니 나도 백일 것이다. 따라서 일어나 나가야 한다.' 이 경우에는 수감자들이 다른 수감자의 망설임에 의존해 선택한다. 각 수감자들은 주저하는데, 다른 수감자들도 주저하는 것을 봤을 때에만 행동을 취할 수 있다.

우리는 이 게임을, 주체가 자신을 어떻게 '선택'하는지에 관한 설명으로 읽을 수 있다. 모든 사람은 나는 누구인가에 관해 근원적인 수준에서 늘 불확실해 한다. 그리고 어떤 상징적 정체성을 갖는 것(즉, '이게 나야!'라는 선언)은 대타자를 거쳐 가는 우회로와 관련되어 있다. 첫째, 주체는 언어 안에 있고, 그 안에서 적절한 기표의 도움으로 자신의 상징적 정체성을 획득한다. 둘째, 주체는 대타자의 ― 주체가 살아가고 있는 더 큰 사회적 공간으로서의 대타자와, 친밀한 관계를 맺고 있는 타자들 모두의 ― 욕망을 숙고한다. 주체는 사회(대타자)의 눈과 타자들의 눈에 자신이 어떤 대상인지를 쉴 새 없이 추측한다. 우리는 타자를 관찰하고 그들이 나에게서 무엇을 보는지 추측함으로써 그들에게, 또 나 자신에게 나는 누구인지 알아내고자 애쓴다. 또한 사회적 인정을 얻고자 노력함으로써, 대타자가 우리를 어떻게 보는지 확인하고 싶어 한다. 하지만 우리는 두 질문 모두 ― 타자에게 나는 어떤 의미인가? 사회에서 나는 어떤 위치에 있는가? ― 와 관련해 늘 적절한 답을 얻지 못한다. 타자들은 자신들에게 우리가 어떤 의미인지를 이야기해 줄 수 없다. 왜냐하면 타자라고 해서 자신의 욕망과 환상들을 합리적으로 인식하고 있는 것은 아니기 때문이다. 또 사회에는 우리에게 고정된 정체성을 부여해 주거나 우리의 인정 추구에 응답해 줄 권위 그 자체가 없기 때문이다. 그래서 우리는 행간을 파악하기 위해 스스로 끊임없이 해석해야 하고, 또 타자들이 나에 관해 정말로 어떻게 말하는지, 그들에게 나는 어떤 의미인지를 추측하고자 애쓴다. 또한 우리는 사회에서 자신이 어떤 위치에 있는지 확인하고자 애쓰고, 자신에게 상을 주거나 사회적 지위를 추구할 때는 대타자가 우리의 중요성을 인정해 주기를 희망한다. 비록 여기서 우리는 또다시 대타자는 무엇인지, 대타자는 무엇을 가치 있게 여기는지를 스스로 해석해야만 할 테지만 말이다.

이처럼 우리는 타자가 무엇을 말하고 있는지에 관해 스스로 선택을 내려야 하는 상황에 계속 처한다. 하지만 이것만이 아니다. 우리가 말하기를 시작하고 사회의 성원이 된다는 바로 그 사실에는 특정한 선택이 포함된다. 라캉에 따르면, 말을 하기 위해서 우리는 소외와 상실의 과정을 거쳐야 한다. 라캉은 이를 두 원(주체의 영역과 대타자의 영역)이 교차하는 도해로 설명한다. 주체 쪽에는 존재Being가 있고 대타자 쪽에는 의미Meaning — 언어, 제도, 문화, 그리고 개인이 태어나는 세계를 규정하는 그 밖의 모든 것 — 가 있다. 주체의 원과 대타자의 원이 겹치는 부분은 비의미non-meaning의 영역이다. 그런데 주체는 비어 있는 교집합 부분에 있는 것밖에는 선택의 여지가 없다. 주체에게는 분명한 의미는 하나도 없고, 주체가 스스로 만들어 낼 수 있는 것은 하나도 없는 것이다. 주체는 항상 자신이 속한 문화에서 이해되는 바를 따라 의미를 추측하려 한다. 라캉은 이렇게 지적한다.

소외의 '벨'vel◆은 하나의 선택에 의해 규정됩니다. 그리고 이런 선택

◆ 영어의 접속사 or에 해당하는 라틴어로 '∼이거나'에 의해 연결된 선언 명제의

의 속성은 다음과 같은 사실에 근거합니다. 즉, 합집합 속에는 어떤 선택을 하든 결과적으로 "이쪽도 아니고 저쪽도 아닌" 것을 갖게 됨을 함축하는 어떤 원소가 있다는 겁니다. 따라서 이 경우 어쨌든 한쪽을 잃게 될 것이기 때문에 선택은 다른 한쪽이라도 건질 의향이 있는지와 관련될 뿐입니다.[9]

라캉은 이 선택을 강도가 '돈 아니면 목숨'을 요구하는 딜레마 상황을 예로 들어 설명한다. 만약 돈을 선택하면 둘 다 잃는데, 목숨을 잃기 때문이다. 하지만 돈을 내준다 하더라도 마찬가지로 잃는 게 있다. 목숨은 건진 대신 돈을 빼앗기는 것이다.

주체에게 자기 자신은 누구인지를 규정하기 위해 라캉은 '과거 시제'가 아니라 '전前미래 시제'future anterior◆를 강조한다. 달리 말해, '현재의 나는 과거의 나이다'라기보다는 '나는 내 선

논리를 의미한다[『자크 라캉 세미나 11: 정신분석의 네 가지 근본 개념』, 맹정현·이수련 옮김, 새물결, 444쪽].

◆ 전미래 시제는 프랑스어 특유의 시제로 원래 미래보다 조금 앞서 있는 어떤 시점을 가리킨다. 예를 들어 "너희들이 돌아올 때쯤이면, 나는 외출했을 것이다"라는 문장을 보자. 여기에서 "너희들이 돌아올 때"는 미래를 가리키며, "나는 외출했을 것이다"는 "너희들이 돌아올" 시점 직전에 이루어질 행위를 가리키는데, 이때 사용되는 시제가 바로 전미래 시제이다(김석, 『에크리』, 살림, 2007, 286쪽).

택을 통해서 현재의 내가 되어 있을 것'이라는 것이다. 프로이트와 마찬가지로 라캉도 우리는 모두 우리의 과거에 의해 결정됨을 인정한다. 하지만 우리에게는 그 과거에 대응하는 방법에 관한 선택이 늘 있다. 비록 이 '선택'이 주체의 방어와 연관된 강제된 선택으로 인식되지만 말이다. 이 선택은 상실을 수반하고 텅 빈 공간을 연다는 점에서 상당히 외상적이다. 강제된 선택으로 상징계가 도래하면, 전에 '존재하지' 않았지만 그럼에도 선행하는 무엇, 곧 존재한 적이 없는 과거가 생산된다.[10] 강제된 선택 행위를 통해 우리는 결코 가진 적이 없지만 그럼에도 상실하게 되어 있는 어떤 것을 빼앗긴다.

이른바 '강제된 선택'에 관한 이 모든 사례들과 관련해 가장 중요한 점은, 선택이 부재한다고만은 말할 수 없다는 것이다. 동일한 제스처 속에서 선택은 제공되는 동시에 부인된다. 그러나 이 선택 자체가 강제된 선택일지라도 우리가 선택이란 제스처를 취할 수 있다는 바로 그 사실은 주체가 외부나 내부의 힘들에 의해 결정되지 않는다는 사실을 설명해 준다. 이는 결국 주체성에는 늘 어떤 자유가 있다는 사실을 설명해 준다. 비록 이 자유가 스스로를 방어하기 위한 자유일 뿐일지라도 말이다. 예컨대 프로이트의 도라 사례를 보자. 히스테리를 앓는 젊은 여성 도라는 분석을 받으면서, 복잡한 가족 관계, 가족과 가깝

게 지내는 이로부터 유혹을 받아 생긴 정신적 외상, 그리고 다른 개인적 고통에 대해 호소했다. 프로이트는 이 상황에 인과관계가 있다고 결론짓지 않았다. 도라의 문화적 배경에 있는 복잡한 사회적·성적 관계들은 그녀가 겪은 고통의 직접적인 원인이 아니었다. 그녀의 히스테리 증상들은 그 상황, 그리고 그녀가 이성적으로 해석할 수 없는 자신의 무의식적 욕망들에 스스로 반응한 것이었다. 겉으로는 그녀가 다른 이들의 감정 게임에 말려든 희생자로 보였지만, 사실 그녀는 이 게임에 자신의 욕망을 쏟아부었던 것이다. 그녀의 증상은 이 욕망들이 상당히 고통스런 방식으로 표현된 결과였다. 그런데 이 증상들은 우리가 이런 주체화의 순간들을 알아볼 수 있는 바로 그 지점들이다. 이는 늘 주체가 스스로 만든 것이기 때문이다.

다른 맥락에서 강제된 선택은 정치 영역에서도 찾아볼 수 있다. 옛 유고슬라비아 군대에는 징집된 병사들이 군복무를 시작하면서 치르는 의식이 있었다. 이 의식에서 젊은 병사들은 자발적 선택으로 유고슬라비아 군인이 된다고 쓰인 서약서에 서명하고 선언했다. 간혹 어떤 병사는 이 선택권을 진지하게 받아들여 서명을 거부하기도 했다. 이런 불복종 행위에는 심각한 처벌이 내려졌고, 그런 병사들은 보통 수감되었다. 그는 '자발적으로' 서명할 때에만 석방될 수 있었다. 바그다드에서도 유사한 사례가 있었다. 한 이라크인이 무려 2년간 미군에 의해 구금 시설에 갇혀 있다가 석방되었다. 그에게는 아무런 혐의도 없었다. 마침내 그를 석방하면서 미군은 구금 기간 동안 어떤 처우를 받았는지 묻는 양식에 답변해 달라고 요구했다. 이 양식은 자신이 받은 처우를 가장 잘 서술한 문장 옆에 표시하는 형식이었는데, 첫 번째 문장에는 구금 동안 어떤 학대도 받지 않았다고 쓰여 있었고, 두 번째 문장에는 학대를 받았다고 쓰여 있었다. 양식을 작성하는 그 앞에는 미군 경비병 셋이, 수감자들에게 벌줄 때 흔히 사용하던 전기 충격기를 들고 있었다. 통역관조차 그에게 첫 번째 문장에 표시하라고 이야기했다. 그 남성이 만약 두 번째 문장에 표시하면 어떻게 되느냐고 묻자 통역관은 자신은 모른다는 의미로 손을 으쓱했다. 만약 그가 두 번째 문장에 표시했다면 결코 석방되지 않았으리라는 것은 불을 보듯 뻔하다.

누군가가 선택권을 제공받는 동시에 빼앗긴다면, 당연히 그들에게는 선택권이 전혀 주어지지 않은 것과 같다. 그럼에도 여전히 강제된 선택은 사회를 결속하는 데 중요한 역할을 한다. 우리에게 강제된 선택의 사례가 있다는 바로 그 사실을 통해 모든 사람이 자유를 누릴 수 있다는 합의가 사회적으로 존재한다는 것을 알 수 있다. 사회는 이 자유를 간단히 거부할 수 없다. 가장 엄하고 잔혹한 전체주의 정권조차도 흔히 강제된 선택이란 행위에 의지했다. 이는 강압적 정치가 흔히, 개인이 정권의 질서에 자발적으로 복종한다는 환상에 근거할 수 있음을 보여 준다.

그럼에도 이런 정치적·일상적 사례들에서 나타난 강제된 선택은, 개인에게 방어기제(즉, 신경증)를 형성하는 강제된 선택이 있다는 정신분석 개념과는 상이하다. 정치적 사례들의 경우, (군대에 가거나 감옥에 가거나, '고문 없었음'에 표시하거나 죽거나, '예의'에 맞게 행동하거나 품위 없는 사람이 되거나 등과 같은) 행동을 선택할 여지가 있다. 하지만 결정적인 것은, 이런 사례들에서는 방어기제를 선택할 수 없다는 것이다. 수감자나 징집병이 목숨은 구할 수 있지만, 자신의 진실을 구할 수는 없는 것이다. 그러나 라캉이 말하는 주체는 사회화 과정에서 훨씬 심각한 딜레마에 직면한다. 주체가 개인적 방어기제를 형성하는 강제된 선택을 하지 않으면, 정신병에 걸릴 수 있다. 하지만 정신병 또한 선택의 문제다. 또다시 강제된 선택이긴 하지만 말이다. 라캉에 따르면, 정신병에 걸리는 문제에서조차 책임은 개인에게 있다. 정신병적 구조는 단순히 개인에게 부과된 것이 아니라 오히려 개인이 스스로 형성하는 것이다. 비록 의식적으로 형성하는 것은 아닐지라도 말이다.

죽음 그리고 선택의 결여

정신분석에서 고통(예컨대 우리의 신경증)이 강제된 선택의 문제로 인식된다면 고통을 끝내는 것 — 죽음 — 은 어떤가? 우리가 죽음에 관한 생각과 관련해 느끼는 불안은 흔히 모순적인 두 원인과 연관되어 있다. 첫째, 우리에게는 죽음에 대한 선택권이 없다. 사람들은 누구나 반드시 죽기 때문이다. 둘째, 우리에게는 자의로 목숨을 끊을 수 있는 힘이 있다. 종교는 이런 불안을 달래고자, 육체가 사라진 후에도 영적 존재는 계속 살 수 있다고 이야기한다. 그런데 오늘날 우리는 죽음에 대한 불안을 애써 억누르고 있고, 그 방법은 죽음을 늦추거나 그것을 우리가 통제할 수 있다고 — 예를 들면 안락사를 통해 — 인식하는 새로운 방법을 끊임없이 만들어 내는 것이다.

후기 산업사회가 죽음을 다루는 방식 역시 선택 이데올로기의 또 다른 버전이라고 할 수 있다. 과거에는 우리가 보들레르가 묘사한 시간의 모습, 즉 결코 어떤 위험도 감수하지 않고 결코 손해도 보지 않는 유일한 약탈자 앞에 무력했다면, 오늘날에는 이런 시간을 늦추라는 상당한 압력을 받고 있다. 선택의 자유가 확대되어 감에 따라, 나이를 먹는 일, 죽음을 맞이하는 일, 그리고 일련의 세대들에서 차지하는 자기 위치를 분명히 하는 일도 더 어려워지고 있다.[11] 우리가 내리는 선택들을 보면 시간의 제한을 받지 않는 것 같다. 마치 쇠하여 죽음에 이르는 여정을 피할 수 있다는 듯이, 인생이 피할 수 없는 끝을 향해 나아가는 과정이 아니라 단지 하나의 지점을 순환하는 일이라는 듯이 말이다. 후기 자본주의의 이데올로기는 현재가 영속되리라는 관념을 조장하기 때문에 노화와 죽음을 감당하기가 어렵다. 서구의 대중매체는 노화를 받아들이기 힘든 것으로 묘사하고 선택의 문제로 제시한다. 노화를 막기 위해 무언가를 하고, 젊어 보이고자 애쓰며, 죽음을 미루거나 심지어는 막는 방법을 강구하는 일은 우리 하기 나름이기 때문이다. 그래서 우리는 죽음과 죽음에 이르는 과정이 실제로 어떤 모습인지를 보여 주는 영상에 강박적으로 집착하게 되었다. 총에 맞은, 살해당한, 절개[해부]된 몸들을 끊임없이 보여 주는 대중문화뿐만 아니라 고급문화까지도 이런 병적인 지형에서 작동하고 있다. 요즘 유명인들은 나이를 먹어도 똑같아 보인다. 그들의 얼굴은 마치 제때 얼어붙은 것처럼 보이는데, 보통은 산송장과 같은 삶living death이라는 기괴한 효과를 그 대가로 치러야만 한다.

특정 시기에 대중적으로 주목받는 예술 작품들을 보면, 보통 그 사회가 마주하고 있는 정신적 외상을 나타내는 주제들이 잘 반영되어 있다. 그리고 현대미술은 한동안 죽음과 죽어 가는 과정에 강박적인 집착을 보였다. 하지만 요즘은 무슨 수를 써서라도 죽음을 연기하려는 사회의 시도들을 압축적으로 표현하는 방식으로 유한성을 다룬다. 그렇지 않으면 죽음을 그저 또 하나의 예술 작품으로 변형시킨다.

예를 들어 미국의 예술가 스티븐 섀너브룩Stephen Shanabrook은 끊임없이 죽음, 의술, 초콜릿을 작품 소재로 삼는다. 그는 러시아와 미국의 시체 안치소에서 시신의 상처 부위들을 보고 그 형상을 프랄린[초콜릿과 설탕에 견과를 넣어 만든 간식]으로 만들어 유명해졌다. 나는 섀너브룩에게 어떻게 초콜릿과 시신의 조합을 구상하게 되었냐고 물은 적이 있는데, 그는 어린 시절 이야기를 들려주었다. 그의 아버지는 의사였고, 어릴 적 섀너브룩은 수술에 매료되어 아버지가 사체를 부검하는 생각에 빠져 지냈다. 동시에 그는 등하굣길에 날마다 지나치는 초콜릿 공장의 냄새에도 사로잡혔다. 그래서 십대가 되어서는 초콜릿 냄새를 더 맡고 싶어 그 공장에서 일하기 시작했다. 자신의 예술 작품을 설명하면서 섀너브룩은 초콜릿이 사람의 체온과 비슷한 온도에서 녹는다고 지적한다. 그는 시신의 상처 부위들을 본따 초콜릿을 만듦으로써 상처에 대한 공포를 다루고자 했다. 사람들은 그런 프랄린을 보면 볼수록 그것이 무엇을 본떠 만들었는지를 잊게 되고 매혹적인 초콜릿 향을 즐기게 되는 것 같다. 시신의 부위들이 본이 되어 초콜릿 프랄린으로 만들어지면 사람들은 묘한 느낌을 받게 된다. 즉, 이 예술가는 인생에서 죽음과 죽어 가는 과정에 깊은 인상을 받은 게 틀림없으며, 예술 작품을 통해 죽음과 관련한 공포를 불러일으키면서도 동시에 그 공포를 부인하고 있다는 느낌말이다.

정신분석에서는 이같이 특정 주제를 창조적으로 순환시키는 활동을 일종의 승화sublimation로 본다. 이런 사람은 자신의 고통을 표현해 줄 어떤 증상을 '선택'하기보다는 어떤 [예술적] 활동에 몰두한다. 다시 말해 자신의 충동drive을 승화시키는 것이다. 이런 승화로 사람들이 감탄하는 예술 작품이 탄생한다. 그런데 자신의 신체를 예술 작품으로 표현하는 경우에는 이런 과정을 이해하기가 좀 더 어려워진다. 이와 관련해서 신체 행위 예술가들은 특히 흥미롭다. 프랑스의 예술가 생 오를랑Saint Orlan은 성형수술로 끊임없이 얼굴을 바꾸는 작업을 하는데, 처음에는 모나리자처럼 보이게 했고, 나중에는 이마에 뿔을 넣기도 했다. 이런 행위에서 그녀는 자신의 신체를 재료 삼아 예술 작품을 만드는 것을 이데올로기적 소명으로 진지하게 받아들이는 것처럼 보인다. 동시에 자기 나름의 방식으로 그녀는 자신의 무의식적 충동들을 승화시키고 있다. 따라서 그녀가 끊임없이 몸을 고치는 행위는 특정한 유형의 강제된 선택이다. 마치 그녀에게는 그렇게 몸을 고치는 행위 외에는 다른 선택지가 없어 보인다. 물론 그런 행위가 강제된 것은 아니었다 할지라도 말이다.

자기 신체를 예술품으로 간주해 끊임없이 고치는 예술가는 선택이란 관념을 극단으로 밀어붙이고 있다. 그런데 그들은 또한 나름의 방식으로 부인denial이란 관념을 반영하고 있고, 앞에서 지적했듯이 이는 우리 사회에서 선택을 조장하는 것과 연관된다.

이 부인은 신체를 끝없이 변형할 수 있고 소멸하지도 않는 기계로 제시하는 신체 예술 분야에서 볼 수 있다. 또한 이것은 사고와 참사를 다루는 예술 분야에도 존재한다. 멕시코 사진작가 엔리케 메티니데스Enrique Metinides는 소위 '재난 예술'catastrophe arts 분야의 전문가로 유명하다. 재난 예술에서는 죽음에서 외상적인 요소들을 없애고자 사람들이 죽어 가는 모습 그 자체를 하나의 예술 작품으로 보여 준다. 메티니데스가 일약 유명해진 과정은 일반인이 단지 때를 잘 만나 유명해지는 오늘날의 리얼리티 TV쇼와 흡사하다. 그는 사십 년 동안 재난 — 자동차 사고, 기차 충돌 사고, 자살, 화재 — 현장의 사진들을 강박적으로 수집해 왔다. 스티븐 섀너브룩처럼 메티니데스도 자신이 선택한 주제에서 관심을 끊을 수가 없었다. 이 사례도 마찬가지로 어린 시절의 특정한 사건들이 계기가 되어 강박증을 얻게 된 것으로 보인다. 메티니데스는 열두 살 되던 해에 아버지에게서 생애 첫 카메라를 받았고, 아버지 가게 인근의 교차로에서 일어나는 차 사고들을 찍기 시작했다. 이내 그는 한 메이저급 신문사의 최연소 사진기자로서 인간의 고통을 기록하는 일을 담당하게 되었다. 그는 나중에는 카메라를 버리고 자신의 아파트에 텔레비전 스크린 일곱 개를 설치해 놓고는 비디오로 재난을 기록하는 방식으로 전환하긴 했지만, 이런 활동을 일생 동안 이어 갔다. 메티니데스의 삶은 온통 사고와 자살을 기록하고 목록화하는 활동으로 점철되어 있었다. 사진을 통해서 그는 통제할 수 없는 것 ― 재난과 사고 ― 을 통제 가능하며 목록화를 통해 정리할 수 있는 것으로 전환하려 한 것이다. 자료 정리 작업에 푹 빠진 메티니데스는 사고 현장에서 당할 수 있는 상해 유형들을 식별하는 구급대원용 특수 부호까지 고안해 냈다. 또 구급차, 소방차, 경찰차 등 각종 구조용 운송 수단의 모양을 한 장난감들도 수집한다.

메티니데스는 죽음을 대하는 자세에 문제 ― 정신분석가들이 강박신경증자들에게서 흔히 목격하는 문제 ― 가 있는 것으로 보인다. 강박증에 사로잡힌 사람들은 삶의 모든 양상들을 하나하나 통제하고 싶어 하고 특히 죽음에 대해 그렇다. 메티니데스는 인터뷰에서 생매장과 부검 당하는 게 가장 두렵다고 말한 바 있다.[12] 그의 사진들은 하나같이 관찰자의 시선을 취하고 있고, 어떤 면에서는 사건 자체를 무시하는 경향도 있으며, 죽은 사람의 뜬 눈을 포착하려는 시도들도 보인다. 그래서 사진 속의 죽은 이들은 죽지 않은 것처럼 보인다. 이상하게도 메티니데스가 찍은 사진 속의 시신들은 마치 여전히 살아 있는 듯하다. 그는 자신이 죽음에 대해 느끼는 공포를 극복하기 위해 죽음을 현실에서 존재하는 그대로의 죽음과는 다른 것으로 제시한다.

예술은 죽음이 어떤 모습인지 재삼재사 보여 주는 방식으로 죽음의 외상적 특성을 다루려고 하지만 인생에서 우리는 흔히 이를 잊고자 애쓴다. 망각이란 문제와 씨름하는 정신분석가들은 망각에 진정 효과가 있음을 알게 되었다. 심지어 노인성 치매 임상 사례에서조차 망각의 이로운 효과가 확인된다. 망각은 과거의 사건들과 연관되어 있을 뿐만 아니라 앞일을 생각하는 능력과도 관련된다. 그래서 치매를 앓는 노인은 치매 덕택에 장래의 일을 잊을 수 있고, 결국에는 죽게 된다는 사실과 관련한 불안을 해소할 수 있다.

강박에 사로잡힌 사람들에게 결코 잊을 수 없는 것은 바로 필사必死라는 주제이다. 자크 라캉은, 강박증 환자의 특징은 '자신이 죽었는지 살아 있는지' 끊임없이 묻는 데 있다고 보았다. 강박증 환자는 자신의 욕망뿐만 아니라 특히 대타자의 욕망에도 공포를 느끼기에 무엇보다 이 욕망하는 대타자를 제거하려 한다. 이로써 그는 바로 그 대타자의 자리를 점하고 타자가 소유하고 있던 통제력을 장악할 수 있게 된다. 달리 말하면 강박증 환자는 예상치 못한 일들은 무엇이든 예방하고자 스스로 대타자가 된다. 그는 욕망하는 대타자가 죽어 마침내 자신이 자유롭게 살 수 있기를 희망한다. 그러나 스스로 새로운 규칙과 금지들을 끊임없이 부과해 오히려 산송장, 욕망이 없는 로봇이 되고 만다.

우리 사회는 선택과 이에 수반되는 것처럼 보이는 통제력을 강조한다. 어떤 면에서 이런 사회는 삶에 대한 강박적 태도에 특권을 부여하고 있는 것이 아닐까? 내 판단에는 정신병이 증가하고 있다고 선언하기보다는, 우리 삶의 전 영역에서 선택을 강조한 까닭에 통제력과 예측 가능성에 강박적으로 집착하게 되었을 뿐만 아니라 죽음과 소멸에 대한 두려움을 마비시키게 되었다고 결론짓는 게 합리적일 것이다. 사회는 끊임없이 우리에게 몸매를 가꾸는 법, 욕망을 억제하는 법, 인생의 행로를 조종하는 법, 특히 죽음을 막는 법에 관한 조언을 쏟아 낸다. 그러나 우리가 이런 조언을 지속적으로 따른다고 해도 확실성이

나 더 많은 통제력을 얻는 것은 분명 아니다. 오히려 선택 이데올로기는 우리에게 강박적 성격을 '선택해' 주고, 오늘날 자본주의에 가장 기여할 신경증의 유형을 선별해 주고 있다.

역설적으로 후기 자본주의 이데올로기가 조장한 강박적 태도는 사실 선택의 여지를 거의 남겨 두지 않는다. 끊임없이 마음을 놓지 못하고, 무질서를 몹시 두려워하며, 죽어 간다는 것에 대한 생각에 소스라치는 아주 조심스런 사람들은, 무한하다고들 하는 선택의 가능성 앞에서 거의 향락을 얻지 못한다. 그는 이상적인 '세심한 선택자'chooser가 되지 못할 수 있다는 불안에 사로잡혀 있다. 그래서 끊임없이 선택을 제한하는 새로운 방법들을 만들어 낸다.

결론　　　사회는 왜 변하지 않을까?

슬로베니아에서는 자본주의가 도입되면서 장례식 풍경도 바뀌었다. 과거에는 유족이 국영 장례식장을 방문해 몇 가지 기본적인 장례식 유형들 가운데 하나를 고르고 두어 개의 관 중에서 하나를 선택하거나, 화장일 경우에는 유골함을 고르곤 했다. 오늘날 장례식은 오히려 쇼핑에 가까워서 수치심을 느끼거나 당혹스러울 때가 많다. 유족은 장례식장을 이용하는 동안 온갖 세세한 절차를 선택해야 한다. 이런 결정의 대부분은 결코 눈에 띄지 않거나 금세 폐기될 물건들을 고르는 것이다. 예컨대 화장할 경우에는 얼마나 화려하고 비싼 관을 쓸지 선택해야 하고, 나중에 땅에 묻는 유골함을 얼마짜리로 할지도 결정해야 한다. 게다가 꽃꽂이, 장례식 때 쓸 연주자, 심지어는 신문에 게재할 알림 광고의 규격도 결정해야 한다.

이런 과정은 왜 수치심을 자극하는 것일까? 장례지도사 앞에서 선택을 내릴 때 유족은 두 종류의 응시gaze◆에 노출된다. 하나는 장례 상품을 판매하는 장례지도사의 응시이고, 하나는 위에서 아래를 내려다보는 추상적 대행자abstract agency로 나타나는 비실체적 타자의 응시이다. 앞서 언급했던 바로 그 대타자 말이다. 당혹스러움과 수치심은 보통 정체성과 연결되어 있다. 어떤 사람은 가난한 처지에, 어떤 사람은 '남자답지 못한' 남성이거나 '여자답지 못한' 여성이라는 점에, 또 어떤 사람은 특정 국가의 국민이라는 것에 당혹감을 느낄 수 있다. 어떤 이는 일련의 암묵적 혹은 명시적 규칙, 예컨대 자신의 대타자가 정한 규율을 위반했다는 것에 당혹감을 느낄지도 모른다. 군인이라면 전투에서 용감하게 싸우지 못해서, 아버지라면 자신이 생각하는 아버지상에 미치지 못해서, 판사라면 확고한 권위에 근거해 판단을 내리지 못해서 수치심을 느낄지도 모른다. 마찬

◆ 라캉에서 응시(gaze)는 대타자가 주체를 보는 위치에서 주체가 대상을 바라보는 것으로 시선(eye)과는 구분된다. 이 응시를 통해 사물은 비로소 의미를 획득한다.

가지로 장례 절차를 결정하는 과정에서 경험하는 어색함은 실패감, 곧 적절하게 처신하지 못했다는 감정을 촉발한다. 장례지도사가 제시한 선택지들 가운데 무엇을 선택하든 간에 우리는 실패하기 마련이다. 만약 값비싼 유골함을 구입하지 않는다면 장례지도사 앞에서 창피함을 느끼게 된다. 하지만 가장 비싼 것을 고르는 경우에도 그런 사치품 구입은 외면치레에 치중하는 분별력 없는 행동이라는 느낌이 든다. 실패는 불가피하다. 이런 상황에서는 흔히 자책감이 든다. 하지만 이 감정과 싸우는 방법은 다양하다. 프로이트는 이렇게 썼다.

'자책감'은 각종 심리 작용에 의해 다른 정서들로 변할 수 있다. 그러면 다른 정서들은 자책감 자체보다도 더 또렷하게 의식에 떠오른다. 이를테면 불안(자책과 관련한 행동으로 생길 결과에 대한 두려움), 건강염려증(그에 따라 몸에 어떤 영향이 생길지에 대한 두려움), 피해망상(그에 따라 사회적 관계에 어떤 영향이 생길지에 대한 두려움), 수치(타인들이 그것을 아는 것에 대한 두려움) 등으로 변할 수 있다.[1]

우리가 수치심을 느낄 때 남들이 보게 될까 두려워하는 것은 무엇일까? 이는 단순히 우리가 자신을 실패자로 느낀다는 것은 아니다. 합리적인 수준에서 볼 때 우리가 잘못한 것은 아무것도 없음을 우리 스스로 알고 있기 때문이다. 수치는, 필연적으로 우리는 자신에게 기대하는 것을 결코 완벽히 충족할 수 없음을 상기시킨다. 남들이 보지 않기를 바라는 것은, 우리가 본질적으로 늘 가짜라는 점이다. 우리는 일시적으로는 어떤 상징적 역할을 맡아 그 역할이 영원할 것이라는 환상에 젖어 있을 수 있다. 하지만 머잖아 우리는 노출되어, 우리가 갖고 있던 정체성은(본질적으로 그것은 결여를 특징으로 한다) 가짜였음이 탄로날 것이다.

무언가를 부끄러워하는 사람들의 모습을 살펴보면 겸연쩍은 표정에 시선eyes은 돌리고 있는 경우가 많다. 한편으로 이들은 타인의 응시를 피하면서 또한 타인을 쳐다보지 않으려고 애쓴다. 권위자에게 다가갈 때 사람들이 눈을 내리까는 모습은 많은 문화에서 발견된다. 그 권위자가 보지 않았으면 하고 우리가 바라는 것은 대체 무엇일까? 우리는 벌거벗은 상태의, 있는 그대로의 타인을 보아서는 안 된다. 누군가에게 존중을 표할 때 우리는 그를 응시하지 않음으로써 타인의 허울 속에 숨어 있는 결여를 보지 않도록 한다. 〈오즈의 마법사〉 The Wizard of Oz에서 도로시가 마침내 마법사를 만났을 때 하는 행동이 바로 그것이다.

수치는 우리의 비일관성, 우리 삶에서 권위자들이 보이는 비항상성, 그리고 대타자의 비항상성과 연관되어 있다. 수치를 느낄 때 나는 대타자의 탐탁찮아 하는 응시를 피하려고 애쓴다. 그 앞에서 내가 굴욕감을 느끼기 때문이다. 또한 나 자신의 응시도 돌려, 대타자 자체도 항상적이지 않다는 사실, 아니 더 정확히 말해 결국 대타자는 존재하지 않는다는 사실을 보지 않으려 한다. 조앤 콥젝Joan Copjec은 이렇게 지적한다.

> 수치는 타인의 시선으로 자신이나 자신이 소중히 여기는 이들을 바라볼 때 드는 감정이 아니라 대타자의 결여를 불현듯 지각할 때 드는 감정이다. 바로 이 순간 주체는 더는 자신을 대타자의 욕망이 충족되는 대상, 세계의 중심으로 경험하지 않는다. 이제 주체는 이것들에서 좀 멀어지게 되고, 주체 자신의 안에 거리감이 생긴다. 이 거리감은 죄책감을 낳고, 사람들로 하여금 대타자에게 돌이킬 수 없는 빚을 지게 하는 '초자아적인'superegoic 것이 아니라 반대로 그 빚을 일소해 주는 것이다. 죄책감과는 달리 수치심을 느낄 때 사람들은 자신의 시각을 갖게 되지만, 더는 [자신을] 바라보는 외부의 대타자는 없다. 수치는 대타자는 존재하지 않는다는 증거이기 때문이다.[2]

사회는 시민들에게 수치심을 주는 의례들을 시행할 때 항상적이고 일관적인 대타자에 관한 허구를 지탱하고자 필사적으로 힘쓴다. 하지만 사회는 자신의 비일관성을 드러낼 뿐이다. 이는 특히 일부 국가의 사법 절차에서 분명하게 나타난다. 중국에서는 범죄인이 사형을 당할 때 그 가족이 총알 값을 치러야 한다. 이 요구는 부분적으로는 가족의 수치에 기대고 있다. 총알 값을 치르는 것은 사회에 대한 빚을 갚는 행위다. 그러나 그것은 사법 체계가 단독으로는 완벽한 권위를 행사할 수 없음을 나타내는 징후로도 이해할 수 있다. 즉, 사법 체계는 처벌을 내리는 데 가족의 '도움'을 필요로 한다. 영국 정부는 지역사회를 범죄와의 전쟁에 참여시키고 대중이 형법 제도를 신뢰하게 하는 방법에 관한 조사를 의뢰한 바 있다. 토니 블레어의 리스펙트 태스크 포스Respect Task Force◆의 전 대표 루시 케이시Lousie Casey가 작성한 제안서에 따르면, 사회봉사 명령community punishment을 선고 받은 범죄인은 죄인임을 명시하는 조끼를 입고 일을 해야 한다.[3] 범죄자들을 감옥에 보내지 않고 사회적으로 유용한 방식으로 처벌하는 것을 볼 때 일반인들은 만족감을 느끼게 되어 있다. 하지만 이 조끼는 범죄자를 일반인들 앞에 가시

◆ 중앙정부, 지역 기관, 지역사회가 단합해 반사회적 행위들을 막기 위해 2005년에 설립한 임시 조직.

화할 뿐만 아니라 그들의 응시를 다른 데로 돌리는, 즉 사회가 범죄를 막는 데 실패했다는 점을 응시하지 못하도록 하는 역할을 한다.

우리는 스스로 내린 선택에 수치심을 느낄 때 전체 사회를 응시하지 못하고 자신에게 초점을 맞춘다. 또한 사회의 부정의 앞에서는 시선을 떨구고, 적절한 선택을 내리지 못한 것에 수치를 느낀다. 우리는 사회질서의 결함을 보는 대신 자신의 결함을 보고, 우리가 누리거나 성취하는 것이 적을 때 자신이 열심히 하지 못했다고 생각한다. 이는 특히 가난한 사람들에게 힘든 일이다. 이들은 삶에서 성취감이나 행복을 느끼기가 힘들고 자신들의 실패에 대한 비난을 개인적으로 견뎌 내야 하기 때문이다. 리얼리티 쇼, 놀이동산, 새로운 무수한 오락물이 넘쳐 나는 시대에 가난은 외부의 시선에서 보기엔, 선택할 수 있는 생활, 자유의사로 참여하고 그만둘 수 있는 게임으로 오인될 수 있다. 현재의 경제 위기가 시작되기 직전 영국의 한 신문에는 2주간 노숙자 체험을 한 기자의 글이 실렸다. 기자가 이 임무를 시작했던 것은 런던에서 돈이나 신용카드 없이 살아남을 수 있는지 알고 싶어서였다. 기사는 기자가 쓰레기통을 뒤적이고, 불법 거주 건물에서 잠을 자며, 공중 화장실에서 몸을 씻고, 공짜 음식을 먹으려고 초대받지도 않은 화랑 개장식이나 파티에 난입하는 선정적인 사진들을 이용했다. 끝내 신문 칼럼니스트 자리를 따낸, 영국의 또 다른 기자는 초기 칼럼 하나에서 이렇게 썼다.

나는 금요일에 폭찹을 먹는 신세를 한탄했다. …… 작년에 내가 먹은 거라고는 리비타Ryvita[크래커 상표], 밸류 브레드와 과일을 넣지 않은 밸류 잼[영국 테스코 사가 생산한 저가 제품들], 건면 파스타가 전부였다. …… 하지만 빈털터리 신세는 축복이기도 했다. 돌이켜 보건대 친구들은 역경과 깨달음을 찾아 세계를 여행하고 있을지 모르겠지만 난 무일푼으로 런던에서 살아남았다. 너도 한 번 해봐. 인도에서 친구가 이메일을 보내오면 이렇게 의기양양하게 답장을 써보낸다. 이제 나는 유통기한도 무시하고, 빠른우편이 아닌 보통우편도 괜찮다고 생각하며, 상표 없는 치약도 쓴다.

이 칼럼니스트가 제안하는 바에 따르면, 가난을 견디는 것은 그것을 겪어 보지 못한 이들은 모르는 힘을 준다. 가난한 사람은 다른 이들이 두려워하는 곤란한 상황 ― 예컨대 직불카드 사용이 거절되어 사용이 승인될 때까지 지출 규모를 줄여야 하는 상황 ― 을 극복할 수 있다.

재무와 관련한 한 인터넷 사이트에서 도나 프리드먼Donna

Freedman은 한 해 동안 1만2천 달러로 생활하겠다는 자신의 결정을 자랑스레 설명했다.

> 나는 선택을 했다. 남편과 헤어지기로 했고, 대학에 갈 것이며, 돈 쓰는 방식 역시 크게 바꿀 것이다. …… 나는 자발적 선택으로 가난하다. 인생을 변화시킬 필요가 있었기 때문이다. 나는 이혼을 선택했고, 학교를 선택했다. 나는 이렇게 살 수 있다. 이런 방식의 삶이 계속되지는 않으리라는 것을 잘 알기 때문이다. 2년 안에 학위를 따고 일터로 돌아갈 것이다.[4]

이처럼 개인이 또 다른 길로 가기로 마음먹을 때 선택은 강력한 동기가 될 수 있다. 하지만 보수주의자들은 계급 분열을 영속화하고자 가난은 선택이라는 주장을 오랫동안 이용해 왔다. 처음부터 자본주의 이데올로기는 누구나 성공해 돈을 많이 벌 수 있고, 가난한 사람은 열심히 일하지 않았기 때문이라는 관념에 의지했다. 『노동의 배신』*Nickel and Dimed*[최희봉 옮김, 부키, 2012]을 저술한 바버라 에런라이크Barbara Ehrenreich를 비롯해 한두 달 동안 맘먹고 가난한 노동자로 살아 본 저자들은, [일을 하거나 직업훈련을 받는 조건으로 하는] 근로 복지 제도workfare가 [보편] 복지 제도welfare를 단순히 대체할 수는 없으며, 일부 빈민들의 경우

아무리 허리띠를 졸라맨다 해도 순전히 의지력만으로는 가난을 벗어날 수 없음을 보여 주었다.

현재의 경제 위기가 가져온 충격이 느껴지기 전에는 소비라는 관념이 너무도 지배적이어서 씀씀이를 줄이는 것(그리고 될 수 있는 한 일을 적게 하는 것)조차 대단한 일이 되었다. 2007년 초 캘리포니아 주의 한 커플은 1년 내내 아무것도 소비하지 않고 보내기로 결정했다. 그리고 그 경험을 블로그에 올려놓았다.[5] 한편 같은 시기 미국의 다른 지역에서는 사람들이 작은 무리로 모여 소비를 줄이기로 함께 결의하고는 1년 동안 식료품, 세면용품, 기초 필수품 외에는 새로운 상품을 하나도 구입하지 않겠다고 인터넷에 밝혔다. 또 어떤 무리들은 중고품만을 사고 낡은 물건은 수선하거나 빌려 쓰겠다고 다짐했다. 적지 않은 미국 작가들도 생활을 간소화하는 주제를 탐구했다. 주디스 러바인Judith Levine의 『굿바이 쇼핑: 아무것도 사지 않은 1년, 그 생생한 기록』Not Buying it: My Year without Shopping이 한 예다.[6] 그러나 경제 위기가 도래하면서 사람들이 별안간 직장과 집을 잃어버리게 되자, 중산층 작가들이 가난에 뛰어드는 모험들은 경제적 곤란에 대한 냉소로 비치기 시작했다.

생활을 간소화하자는 운동은 사실 특정한 방식으로 선택 이데올로기를 받아들여 왔고, 그동안 줄곧 훈계조의 수사로 스스로와 다른 사람들을 기만했다. 왜냐하면 이 운동은 사실상 고도로 개인화된 사회라는 전제를 받아들였기 때문이다. 모든 것은 우리 손에 달렸고, 삶에서 얻고 싶은 것은 무엇이든 자유롭게 만들어 낼 수 있다고 가르치는 이데올로기는 그저 이런 주문呪文을 생활 간소화라는 말로 반복할 따름이다. 그런 의미에서 생활 간소화의 유행은 압도적인 소비자 선택에 대한 반작용으로 또 다른 형태의 소비자 선택을 반복하고 있는 셈이다. 전 세계 수많은 사람들에게는 선택지가 거의 없으며 나날이 끔찍한 가난을 견뎌야 한다는 점에서, 서구의 생활 간소화 운동은 (가난을 찬미하는 다른 시도들과 마찬가지로) 본래 부유한 사람들이 계급 분열을 에둘러서 처리하려는 상당히 위선적인 방식으로 보인다. 이 운동 내부에서 오가는 대화에서도 합리적 선택 관념이 지배적이었다. 도나 프리드먼은 '"가난하게" 살고 가난을 사랑하기'라는 글에서 돈 관리에서 가장 중요한 도구는 두뇌라는 다소 편협한 시각을 내보인다.[7]

앞서 말했듯이 선택은 사실 사람들의 합리성과는 별 관련이 없다. 누군가가 선택지들을 다루는 방식은 흔히 그 사람의 더 깊은 심리적인 구조를 반영한다. 히스테리 여성이라면 고질적으로, 자신이 내린 선택의 결과에 실망하기 쉽다. 그녀는 어떤 상품을 사면 이내 불만족을 느끼고 '이게 아니야!'라고 말한다.

그러고는 다른 상점에서 또 다른 물건을 고른다. 불만족을 느끼는 진짜 이유는 생각해 보지 않고 말이다. 반대로 강박증이 있는 남성이라면 바로 선택을 내리지 않고 꾸물거릴 것이다. 그에게 선택은 자신의 욕망에 따라 행동할 것을 요구한다. 정신병 환자라면 심지어 마비 상태가 될 수도 있다. 자신에게는 자유가 전혀 없고 이미 누군가가 대신 선택을 내린 것으로 보일 수 있기 때문이다. 그래서 그는 자신이 억압당하고 조종 받고 있다고 느낀다.

우리가 내리는 선택은 흔히 비합리적이다. 우리가 고가의 차를 구매할 때 그것은 남의 부러움을 사기 위해서이지, 그 모델이 필요하다고 합리적으로 결론을 내려서가 아닌 경우가 많다. 부러움 사기는 오늘날 마케팅에서 중요한 부분을 차지한다. 새로 유행하는 마케팅에서는 굴욕감을 이용하기도 한다. 일본의 어떤 가게들은 소비자의 선택을 제한해 유명세를 타게 되었다. 이런 유행을 따르는, 도쿄 외곽의 한 상점은 문을 여는 시간이 완전히 제 맘대로다. 물건을 사러 온 사람들은 상점에 도착하면 긴 줄을 서야 한다. 그러다 문을 열어도, 손님이 원하는 물건을 점원이 제멋대로 안 판다고 하는 경우도 흔하다. 그런데도 쇼핑객들은 언짢아하기는커녕 그런 가게들에 매료되어 구름떼처럼 몰려다닌다.

중화요리집에서는 먹고 싶은 것을 고르기가 쉽지 않다. 순전히 선택지가 너무 많기 때문이다. 이런 온갖 메뉴는 안목이 거의 없는 손님의 약점을 이용하는 것으로 보인다. 적어도 이는 손님의 식사를 대신 선택해 주는 고급 레스토랑의 영업 방식 이면에 깔려 있는 생각이다. 일식당 노부Nobu에서는 주방장이 당일 저녁에 자신이 만들어 주고 싶은 것을 정해 요리해 주는데 손님은 큰돈을 내고 먹는다. 런던의 고든 램지Gordon Ramsay [스코틀랜드 출신 세계적인 요리사이자 식당 경영자, 방송인]는 손님에게 레스토랑 주방에서 식사할 기회를 제공한다. 물론 손님은 요리를 선택할 수 없다. 런던에는 메뉴에 가격을 표시하지 않는 레스토랑들이 있었는데, 손님들은 식사 값으로 얼마를 내고 싶은지를 스스로 결정해야 했다. 놀랄 것도 없이 다수는 예상보다 더 많은 돈을 냈다.

어떤 이들은 선택을 줄여 보라고 사람들을 가르치려 들지도 모르지만, 내 주장은 사람들은 이미 스스로 규제하는 기제들을 갖고 있다는 것이다. 하지만 이 기제들이 의식적으로 발전된 것은 아니다. 즉, 그런 기제들은 '이성적인' 전략이 아니다. 사람들은 스스로 선택을 제한하거나, 아니면 다른 누군가가 자신에게 제한을 부과하는 것처럼 행동한다. 한 교수는 시험에 앞서 학생들에게 풀고 싶은 문제를 정할 기회를 준 적이 있다. 그런데 학생들은 그런 기회가 자신들을 조금도 자유롭게 해주지 못함을 깨닫게 되었다. 시험을 치르는 날 학생들은 자신들이 미리 정한 바로 그 문제가 나오자 깜짝 놀랐고 마치 정말 이해하기가 힘들고 전혀 예측할 수 없는 문제가 나왔다는 듯이 행동했다. 한 학생은 시험 문제가 수업에서 다룬 내용과 별 관련이 없다고 항의하기까지 했다. 이처럼 사람들은 스스로 선택을 내릴지라도 마치 다른 누군가가 선택지를 부과한 것처럼 행동하기 쉽다.

욕망은 늘 특정한 금지와 관련한다. 오래된 장애물이 사라지면 우리는 이내 새로운 장애물을 만들어 낸다. 이를 잘 아는 콘란 숍Conran shop◆ 주인은 이렇게 말한 바 있다. '사람들은 자신이 원하는 걸 모르지요. 누군가 알려 주기 전에는요.' 9·11 무렵 슬로베니아에서는 관광 붐이 일고 있었는데(사람들이 슬로베니아를 방문하기에 안전한 장소로 생각했기 때문이다) 9·11 이후 슬로베니아 관광청은 욕망을 부추기는 금지 전략을 사용하기로 했다. 관광청이 낸 광고의 소제목은 '슬로베니아에 가지 마시오!'였다. 금지를 향한 욕망은 어린아이들에게서도 볼 수 있다.

◆ 런던, 파리, 뉴욕 등 세계 대도시에서 인테리어 가구 및 소품을 판매하는 고급 상점.

고를 게 너무 많을 경우에 아이들은 오히려 불안해하며 부모가 지도해 주길 바란다. 결국 부모가 제시한 것과 정반대의 것을 고른다 할지라도 무수한 선택지를 고심하지 않아도 된다는 점에 위안을 얻는다.

우리가 선택을 할 때 흔히 조언을 구한다는 바로 그 사실은 개인이 공동체에서 — 가상의 공동체든 현실의 공동체든 — 안전망을 구하는 것이 얼마나 중요한지를 시사한다. 선택은 아주 외로운 행동이 되었다. 과거에는 가족이나 다른 집단에 기댈 수 있었다. 이제는 스스로 해야 한다. 그렇지만 여전히 우리는 조언을 구하고자 늘 새로운 방법을 강구한다. 내가 관찰한 바에 따르면, 미국에서는 많은 여성들이 백화점 공용 탈의실에서 같은 쇼핑객들에게 어떤 옷을 사도 괜찮을지 조언을 구한다. 대개는 이름 모르는 이들이 친척이나 친구보다 훨씬 더 솔직하게 대답해 준다. 아는 사람이라면 기분을 상하게 하지 않게 하려고 애쓰거나 시샘할지도 모른다. 아니 그저 지루한 반응을 보이는 게 보통일 것이다. 하지만 모르는 사람이라면 깊은 정서적 애착이 없기 때문에, 질문을 받은 데 대해 으쓱해하며 훨씬 더 솔직한 대답을 해줄 수 있는 것이다.

『뉴욕타임스』 보도에 따르면, 신용카드 대금이 엄청나게 쌓인 몇몇 미국인들이 자신들이 겪고 있는 과정을 솔직히 서술한 개인 블로그를 운영하기 시작했다.[8] 한 여성은 빚을 진 처지를 파트너나 친구에게는 말하지 못했지만, 블로그에 불안을 표현하고 나서야 소비와 카드 대금을 줄일 힘을 점차 얻게 되었다. 그녀는 블로그를 통해 책임감을 얻었다. 쇼핑을 할 때 그녀는 물건을 사면 블로그에 밝혀야 한다는 사실을 염두에 둘 것이다. 그녀의 마음속에서 익명의 독자들은 그녀에게 죄책감을 주는 권위자, 관찰자가 된다. 웹 페이지의 익명의 독자들은 그녀의 초자아super ego를 구성하고 강화한다. 그리고 그녀는 이런 사이버공간이라는 심리적 우회로를 통해, 가까운 사람들에게 상황을 털어놓을 때보다 더 쇼핑을 자제할 수 있게 된다. 가까운 사람들이라면 그와 같은 압력을 가하지는 못할 것이다. 무엇보다 그녀가 그렇게 조치를 취해야겠다고 느꼈다는 사실을 생각해 보면, 그녀의 현실의 — 즉 사이버 공간이 아닌 — 공동체가 얼마나 허약한지 알 수 있다. 또한 그 공동체들이 지지해 주고 지도해 주는 힘을 잃어버릴 때 선택을 내리기가 더 힘들다는 것을 보여 주며, 고통스러워하는 개인이 무엇보다 강박적인 쇼핑에서 위안을(그뿐만 아니라 고통까지도) 찾는 이유도 알려 준다.

그러나 선택은 아무리 힘들고 고통스럽다 하더라도 인간에게 필수적인 능력이다. 개인이 선택을 내릴 수 있다는 사실은 곧 변화할 수 있다는 의미이다. 오늘날 문제는, 우리가 선택을 오로지 전적으로 합리적인 행위로 간주하고, 그래서 경제 이론과 소비자의 관점에서 선택을 사고한다는 것이다. 우리는 그런 견해에 의해 지배되고 있다. 사실 우리에게는 선택을 인간의 정신 및 심리에 초점을 맞추고 파악하는 더 폭넓은 이해 방식이 필요하다. 정신분석에서는 사람들은 자신의 증상에 책임이 있다고 보는데, 그렇다고 이것이 우리가 저마다 자신의 고통을 이성적으로 선택했다는 의미는 아니다. 이는 개인은 주체 — 늘 자신의 증상(즉, 신경증)을 만들어 내는 사람 — 라는 의미이다. 변화는 가능하고 또 우리에게는 자신의 고통을 만들어 낼 뿐만 아니라 그것을 극복할 능력도 있다.

선택이란 관념을 강요하는 오늘날의 자본주의사회는 계급 차이와 인종적·성적 불평등을 은폐한다. 1987년 마거릿 대처는 유명한 선언을 남겼다. '사회 같은 것은 없다. 개인으로서의 남녀, 그리고 가족이 있을 따름이다.' 이런 관점은 이후 사회의 전 층위에 스며들었다. 사회 부정의에 대한 투쟁은 사라지고 대신 그 자리에는 가난에 대한 수치와 경제적 성공의 사다리에서 더 높이 올라가지 못했다는 죄책감이 자리 잡았다. 또한 충분히 훌륭하지 못하다는 데 대한 불안감은, 더 오래 일하고 겉으로 보이는 것에도 더 신경 쓰도록 만들면서 사람들을 길들여 왔다. 선택은 사회적 차원에서 변화의 가능성을 열어 줄 수 있다. 하지만 그러기 위해서는 선택이 더는 개인의 특혜로 간주되어서는 안 된다. 오늘날 사람들의 선택권은 실제로는 사회적 분할에 따라 심각하게 제한되어 있고, 노조 조직화, 보건과 안전, 환경과 같은 안건들은 점점 더 우리의 선택지에서 멀어지고 있는데, 선택 이데올로기는 우리의 눈을 가려 이것을 보지 못하게 한다. 바로 이것이 선택 이데올로기가 지금껏 승승장구해 온 원인이다. 그 결과 사회적 차원에서 우리는 우리가 알고 있는 권력관계들을 변화시킬 선택의 가능성을 잃어버리고 있다. 당연히 선택 이데올로기는, 지금 이 순간을 살며 현실을 있는 그대로 받아들이라고 부추기는 뉴에이지 이데올로기와 밀접한 관련을 맺고 있다.

그러나 모든 문제에 대한 궁극적인 만병통치약으로 제시되는 선택 이데올로기에 대항하는 투쟁을 위해, 선택이란 관념을 지배 이데올로기를 전복하는 방식으로 활용하는 것은 가능하다. 그 실례로 런던 젊은이들의 무가지들에 대항한 싸움을 들 수 있을 것이다. 버스나 지하철을 타는 사람들의 손에 쥐어지는 무가지들은 선정적인 폭로 기사와 유명인의 취향과 업적을 다룬 기사들로 도배되어 있다. 이런 무가지에 반대하는 한 무리는 '무엇을 읽을지 선택하십시오'라는 구호를 내걸고 사람들에게 헌책을 나눠 주기 시작했다. 그들은 이런 활동을 통해서,

무가지로 사람들의 마음이 오염되는 일이 사라지기를 바랐다.

특정 사회에서 특정 시기에 어떤 관념이 찬양될 때는 그것에 조심할 필요가 있다. 예컨대 공산주의 체제에서는 노동자의 권리와 계급 없는 사회라는 이상이 그런 것이었다. 후기 자본주의 체제에서는 선택이란 관념이 그것이다. 인민이 공산주의의 이상과 투쟁하고 있을 때 당 기관원들은 그들을 비판하며 권력은 이미 인민의 손에 있고 따라서 정권과 싸울 필요가 없다고 주장했다. 자본주의는 위와 유사한 이데올로기 활동을 통해 선택의 의미를 제시한다. 요컨대 사회구조에 관한 선택은 제시되는 동시에 부인된다. 자유민주주의적 자본주의 체제는 선택이란 관념을 찬양하지만, 주로 소비와 관련한 선택이라는 단서가 붙는다. 새로운 형태의 사회구조에 대한 선택, 즉 기존과는 다른 방식으로 사회를 발전시켜 나가는 선택, 그리고 특히 우리가 알고 있는 자본주의사회를 거부할 가능성은 모두 우리가 할 수 있는 선택이 아닌 것처럼 보인다.

앞서 주장했듯이, 선택은 전혀 단순한 문제가 아니며, 합리적으로 따질 문제가 아닌 경우도 비일비재하다. 개인적 차원에서의 선택이 가장 기대하지 않았던 순간에 개인의 삶에 찾아들듯이 — 그렇다고 해서 그 선택이 무의식적 욕망이나 충동drive에 의해 동기화된 선택이 아니라는 뜻은 아니다 — 사회적 차원에서의 선택 역시 흔히 예기치 못한 순간에 일어난다. 폴란드 저널리스트 리샤르트 카푸시친스키Ryszard Kapuściński는 『왕 중의 왕』Shah of Shahs에서 1979년 이란혁명을 이렇게 설명한다. 저자는 경찰이 시위대 중 한 명에게 멈추라고 명령했음에도 그가 이를 무시한 사건이 전환점이었다고 말한다. 이를 계기로 시위들이 활발히 전개되었고, 마침내 정권은 무너졌다. 이 변화는 선택의 문제였지만, 예측할 수 없고 통제할 수 없는 것이기도 했다. 우리 시대의 이데올로기는, 합리적 선택이 통제력을 유지하고 삶을 예측 가능하게 하며 위험성을 완전히 없애는 데 도움이 된다고 가르치지만, 합리적 선택이라고 하는 것들이 오히려 미래를 예측하는 바로 그 능력을 앗아 가는 게 현실이다. 그것은 과거에 대해서는 이렇게도 될 수 있었을 텐데 하고 후회하게 만들고, 미래에 대해서는 희망을 품게 만든다.

존 레넌의 유명한 노래[아들을 위해 쓴 〈뷰티풀 보이〉Beautiful Boy] 중에는 이런 가사가 있다. '살다 보면 뜻밖의 일들이 일어나기 마련이지. 그동안에 너는 다른 계획을 세우느라 정신이 없겠지만 말야.' 선택도 마찬가지다. 선택지들에 대해 생각하는 것과 선택을 내리는 것은 별개의 문제다. 하지만 우리는 선택의 독재를 받아들일지 아니면 거부할지 선택할 수 있다. 그리고 그 시작은, 실제로 가능한 것이 무엇인지 파악하는 일이 될 것이다.

감사의 말

책의 개요를 짜는 데 유용한 조언을 해준 에이전트 사라 챌펀트Sarah Chalfant와 영문을 수정해 주고 값진 조언을 해준 존 스텁스John Stubbs에게 감사의 말을 전하고 싶다. 원고 편집은 리사 아피냐네시Lisa Appignanesi가 애써 주었다. 끈기와 인내로 도와주고 탁월한 의견을 제시해 준 그녀에게 감사한다. 프로파일 북스의 담당 편집자 사라 카로Sarah Caro도 좋은 의견을 주었다. 이 기획에 열정을 다해 도움을 준 프로파일 북스 모든 분께 감사한다.

범죄학 연구소 동료들은 오래전부터 큰 힘이 되고 있다. 아이디어들을 제시해 주고 저술 작업에 완벽한 환경을 마련해 준

동료들에게 감사한다. 카르도수 로스쿨, 런던정경대, 버크벡 칼리지 로스쿨의 동료들 또한 도전적인 아이디어와 소중한 의견을 제시해 주었다.

아들 팀은 노는 시간이 돌아올 때면 다른 선택지는 주지 않았다. 덕분에 책에서 벗어날 수 있었고, 아이들만이 가질 수 있는 마음으로 이 기획을 살펴볼 수 있었다.

1

앞니가 빠졌다. 나라에서 모든 의료 서비스를 총괄해 단일하게
제공해 주면 좋으련만, 우선은 병원부터 선택해야 했다. 주변
에는 치과들이 적지 않았다. 임플란트 가격도 만만치 않은데다
가 한창 네트워크 치과 문제가 보도되고 있었기 때문에 어떤
치과를 가야 할지 고르기란 여간 쉽지 않았다. 우선 인터넷으
로 주변 치과들을 검색했다. 너무 작은 동네 치과는 전문성이
떨어지지 않을까 걱정이었고, 큰 치과 병원은 기업 느낌이 나
는데다 환자를 지나치게 기계적으로 다루지 않을까 걱정이었

다. 그러다 조금은 비싼 것 같지만 친절하고 세심하다는 평을 받고 있는 중간 크기의 치과를 선택했다.

하지만 선택은 여기서 끝난 게 아니었다. 진료를 받은 후 어떤 임플란트로 할지의 문제가 남아 있었다. 과거에 다른 병원에서 당했던 수치심이 떠올랐다. 당시 나는 의료보험이 적용되는 저렴한 아말감 치료를 받으려 했는데, 상담을 전담하는 소위 코디네이터는 아말감 재료에 수은이 들어간다는 말을 흘렸고, 의사도 어떻게든 더 비싼 재료를 쓰려 했다. 선택권은 나에게 있다고 했지만 사실상 선택이 아니었다. 결국 나는 아말감보다 일이만 원 비싼 재료를 반강제적으로 '선택'하게 되었다.

임플란트 선택지 역시 다양했다. 저렴한 국산 제품 A, B와 비싼 수입 제품 C, D, E. 나는 살레츨이 이야기한, 장례지도사 앞에서 어떤 관을 선택할지 고민하는 사람들처럼 어떤 선택을 해도 실패할 수밖에 없는 처지였다. 가장 싼 A를 선택한다면 코디네이터에게 가난한 이로 보일 테고, 가장 비싼 E를 선택해도(물론 형편상 선택할 수 없었다) 외면치레하는 인간으로 보일 수 있었던 까닭이다. 결국 가장 저렴한 것으로 하겠다는 애초의 계획과는 달리 좀 더 비싼, 그러나 별 차이는 없어 보이는 B를 선택했다. 요컨대 내 선택에서 선택지들은 정해져 있었고, 또 코디네이터라는 타자의 시선에서 자유롭지 못했다. 개인적으로 또 한 번의 씁쓸하고 불편한 경험이었지만, 다소 추상적으로 느껴졌던 '대타자'를 몸소 체험한 사건이었다.

2

우리는 하루에도 수십 수백 번의 선택을 하며 살아간다. 이제는 단순히 상품 선택이 아니라 우리 삶 전체가 선택의 연속이라 해도 틀리지 않을 것이다. 살레츨의 지적처럼 삶은 기업이 되었으며, 인간관계도 투자가 되었고, 애인도 자녀도 선택 사항이 되었다. 보험, 자동차, 집, 동네, 종교 선택은 말할 것도 없고 심지어 얼굴이나 젠더도 우리는 선택할 수 있다고 생각한다. 하지만 얄궂게도 우리는 이 선택의 풍요에서 자유를 만끽하고 행복해하기보다는 외려 더 불안해한다. 언제나 합리적이고 최상의 선택을 하고 싶은데, 선택지는 끝이 없고, 선택의 결과는 알 수 없으며, 어떤 선택을 하더라도 '가지 않은 길'에 대한 미련이 남기 때문이다. 저자는 이 모든 것을 선택의 독재적 측면이라 한다. 그래서 우리는 가볍게는 하루 운세나 별점을 들여다보고, 중요한 것부터 시시콜콜한 것에 이르기까지 온갖 조언을 아끼지 않는 각종 자기 계발서를 탐독하며, 급속도로 세분화되어 가는 다양한 분야의 상담사, 멘토, 코치, 컨설턴트, 전문가, 권위자들을 찾는다. 역설적으로 선택의 자유가 부담스러워 그 자유를 대신해 줄 누군가를 찾는 것이다. 하지만 이렇게 우리가 더 나은 선택, 더 나은 '자신'에 끊임없이 몰두하는 동안 우리에게 주어지지 않는 선택지에 대한 고민은 불가능해지고, 사회를 변화시킬 동력도 점점 더 상실하고 만다.

저자에 따르면, 이 선택지의 바다에서 우리는 모든 것을 자유롭고 합리적으로 선택할 수 있을 것 같지만, 사실 선택은 타인의 시선과 밀접한 연관을 맺고 있다. 겨울이 오면 고가의 똑같은 상표 잠바를 걸치고 다니는 학생들, 한 달 월급을 훌쩍 넘는 명품 가방을 구비하려는 여성들, 한국 영화의 작품성을 서구인의 평가를 통해 확인받고 싶어 하는 바람 등 그 예를 열거하자면 끝이 없다. 합리적 선택이론은 사람들이 늘 이익 극대화와 손해 최소화를 추구한다고 전제하지만, 우리의 선택은 합리적이지 않은 경우가 적지 않고, 자기 이익이 무엇인지 잘 알고 있는 상황에서조차 신념이나 가치를 위해 자신을 희생하기도 한다.

또한 선택은 결코 충족될 수 없는 무의식적 욕망의 영향을 받는다. 라캉의 정신분석에 따르면, 인간존재는 결여를 근본적인 특징으로 하며, 그 어떤 것도 궁극적으로 그것을 채워 줄 수 없다. 상품이든 결혼이든 아이든 꿈이든 간에, 우리가 간절히 욕망하던 것이 충족되는 순간 그것은 더는 우리가 욕망했던 것이 아닌 것이 되어 버리고, 공허함이 스며들며, 또다시 새로운 욕망의 대상을 찾아 헤매게 된다. 후기 자본주의는 자유로운 선택을 강조하지만 그 선택은 오로지 상품 선택뿐이다. 이마저도 가난한 이들에게 사실상 그림의 떡이다. 그리고 무엇보다 중요한 것은, 우리의 삶과 선택을 틀짓고 원천적으로 제한하는 정치·경제 체제에 대한 선택은 선택지에 없다는 것이다.

3

이 책은 선택 이데올로기가 우리로 하여금 자신이 자기 인생의 완벽한 주인이라는 환상을 심어 주고, 사회구조에서 눈을 돌려 자신에게만 몰두하도록 만든다고 역설한다. 그럼에도 불구하고 저자는 여전히 선택은 정치적 변화를 이끌어 낼 수 있는 강력한 수단이 될 수 있으며, 이 변화를 위한 시작은 우리에게 실제로 제공되는 선택지와 그렇지 않은 것을 구분하는 데 있다고 말한다. 또 개인의 문제와 고통을 계급 사다리를 오르려는 개인의 노력으로 해결하려 해서는 안 되고, 모든 사람이 그렇게 문제를 해결할 수 있는 것도 아니기 때문에 사회 부정의에 대한 투쟁, 사회구조를 바꾸는 일에 집중해야 한다고 강조한다.

한국 사회 역시 신자유주의가 본격화된 이후로 이런 선택 이데올로기가 지배적인 이데올로기로 작동하고 있다. 이로 인해 개인들은 개인적 욕망, 더 정확히는 개인적 생존경쟁 자체에만 매몰된 채 선택을 실질적으로 강제하는 사회제도 및 구조에는 주의를 기울이지 못하고 있다. 이런 상황을 고려할 때 저자의 지적은 시사하는 바가 크다. 예컨대 우리는 선거에서 각 정당 후보들은 선택할 수 있지만 자신이 원하는 정책을 내세우는 인물을 후보로 세울 수 있는 권리, 더 나아가 선거제도 자체를 선택할 수 있는 권리는 사실상 없다. 그래서 선거철마다 지겹도록 전략적 연합 논의가 흘러나오고, 늘 최악을 막기 위해 전략 투표를 고민하게 된다. 결국 새로운 정치체제를 상상해보기는커녕 민의를 덜 왜곡하는 독일 정당명부식 비례대표제와 결선투표제만이라도 도입되기를 수십 년째 기다려야 하는 것이다.

마찬가지로 우리는 자본주의라는 경제체제 안에서 선택을 내릴 수 있다. 예컨대 우리는 유학 경험도 있고 과외 교사도 있는 학생과 오직 교과서와 학교 공부만으로 경쟁할 자유가 있으며, 대학 등록금을 위해 대출을 받고 아르바이트를 하겠다고 선택할 수도 있다. 또한 주택 수가 가구 수를 넘었지만 전세와 월세로 살 선택권이 있고, 사유지의 절반을 소유한 상위 1퍼센트와 당당하게 경쟁해 내 집을 마련할 권리가 있으며, '절반의 행운, 절반의 기부'라는 예쁜 모토를 지닌 로또를 구입해 신분 상승도 도모하고 어려운 이웃도 도울 수 있는 기회가 있다. 또 작은 마트를 열어 대형 마트와 겨룰 자유도 있으며, 야근이 일상인 직장에서 당당히 사표를 던지고 백수가 되겠다고 선택할 수도 있다. 그러나 이런 선택 아닌 선택을 강제하는 자본주의라는 체제를 바꾸는 것, 더 나아가 거부하는 것은 우리에게 선택지로 주어지지 않는다.

결국 우리가 관심을 기울이고 선택해야 할 것은 우리 공동의 것, 게임의 룰, 선택의 룰 자체이다. 그 고민과 씨앗은 협동조합, 지역 화폐, 마을 공동체, 사회적 기업의 형태로 이미 시작되고 있다. 더 나아가 우리는 온전한 정당 명부 비례대표제 및 결선 투표제, 국가 관료에 대한 민주적 통제, 주민자치를 강화하는 풀뿌리민주주의 등으로 대의제 민주주의를 실질적으로 민주화하고, 기본 소득, 토지 공유화, 노동자 경영권 등으로 경제 민주화를 실현하는 선택 역시 고민해 봐야 할 것이다. 그리고 무엇보다 우리의 선택을 제한하는 구조 ― 정치적·사회경제적 구조와 인간의 심리적 구조 ― 에서 시선을 떼지 않는 것이, 우리의 선택이 조삼모사 원숭이의 선택이 아니라 온전한 선택이 되는 첫걸음이 될 것이다.

4

우선, 한국어판 출간을 기뻐하며 흔쾌히 서문을 써주시고, 여러 번에 걸친 이메일 문의에도 늘 친절한 답장을 보내 주신 살레츨 교수님께 감사한다. 정신분석과 관련된 부분을 감수해 주신 김정한 선생님과 이메일 문의에도 성실한 답변을 해주신 김석 선생님께도 감사드린다. 이제 갓 출발한 부족한 역자를 믿고 이 책을 맡겨 준 후마니타스에도 감사하다. 저작권, 편집, 디자인, 제작, 영업 등 책이 나오기까지 힘써 주신 모든 분들께 진심으로 감사한다. 편집을 담당해 주신 이진실 님과 안중철 편집장님께 특별히 고맙다. 번역 기간이 계획보다 길어졌지만 참고 기다려 주었고, 잘못 파악한 부분과 어색한 문장들을 바로잡아 더 나은 책이 되도록 힘써 주었다. 번역과 문장에 좋은 부분이 있다면 이분들 덕택이 크다. 바쁜 유학 생활 중에도 어김없이 친절하고 상세한 설명을 해준 친구 현웅에게 고맙다. 그럼에도 불구하고 있을 수 있는 오역은 물론 옮긴이의 탓이다. 항상 응원해 주시는 부모님께 감사한다. 번역과 관련해 늘 새로운 아이디어와 지적 자극을 주시는 정병선 선생님께 감사한다. 마지막으로 좋은 친구이자 사랑스런 아내 민정에게 고마움을 전한다.

미주

서론

1 Jennifer Niesslein, *Practically Perfect in Every Way* (Putnam Adult, New York, 2007).

2 http://women,timesonline,co,uk/tol/life_and_style/women/the_way_welive/article2467750,ece.

3 *Financial Times* (29 and 30 November 2008).

4 *The New York Times* (28 November 2008).

5 다음을 보라. Renata Salecl, *On Anxiety* (Routledge, London 2004).

6 Richard Sennett, *The Fall of Public Man* (Faber and Faber, London, 1986), p. 337-8.

1   선택은 왜 우리를 불안하게 하는가?

1 Italo Calvino, *Mr Palomar* (Vintage Book, New York, 1994), p. 72.

2 특히 다음을 보라. Greg Easterbrook, *The Progress Paradox: How life Gets Better While People Feel Worse* (Random House, New York, 2004).

3 Will Ferguson, *Happiness*^{*TM*} (Harper Perennial, New York, 2003)[『해피 니스 1, 2』, 김정수 옮김, 초당, 2005].

4 17세기 케임브리지 대학의 신학자 윌리엄 퍼킨스(William Perkins)는 *A Treatise of the Vocation, or, Callings of Men, with the sorts and kindness of them, and the right use thereof* (1603)에서 자기 계발적인 사 고 유형을 발전시켰다. 동일한 시대에 동일한 주제를 다룬 저작들로는 Abraham Jackson, *The Pious Prentice*와 Immanuel Bourne, *The Godly Mans Guide*가 있다. 이런 저작들을 분석한 책은 다음을 보라. Louis B. Wright, *Middle-Class Culture in Elizabethan England* (University of North Carolina, Chapel Hill, NC, 1935).

5 Ralph Waldo Emerson, 'Wealth' in *The Conduct of Life* (Houghton Mifflin & Co., Boston, MA, 1904).

6 레슬리 셰어링(Leslie Shearing) 각본 및 감독(2003).

7 Micki McGee, *Self-Help, Inc.: Makeover Culture in American Life* (Oxford University Press, Oxford, 2005), p. 11[『자기 계발의 덫』, 김상화 옮김, 모요사, 2011].

8 Shakti Gawain, *Living in the Light: A Guide to Personal and Planetary Transformation* (New World Library, New York, 1998), p. 145[『나는 날 마다 좋아지고 있다』, 이현주 옮김, 나무심는사람, 2004].

9 McGee, *Self-Help Inc.*를 보라.

10 가족끼리조차 모이는 시간을 논의해서 결정하도록 해야 한다. 이상적인 부 모란, 일종의 가족 코치와 같은 존재로, 긍정적 사고에 입각해 가족 구성원 들을 격려하고 부양하며, 그들이 자기 목표에 집중할 수 있는 수단을 제공 해 줘야 한다.

11 『뉴욕타임스』 보도에 따르면, 여성을 대상으로 하는 정신적 코치 서비스가 증가 추세에 있다. 바쁜 여성들은 이런 코치 서비스에서 다이어트, 감정, 인 간관계에 대한 지도를 받을 수 있다. 또한 암, 우울증, 중독, 그리고 스트레

스 많은 삶과 관련한 기타 질병을 치료하는 기법들도 제공받을 수 있다. 다음을 보라. Alen Salkin, 'Seeing Yourself in Their Life', *The New York Times*(18 September 2009); http://www.nytimes.com/2009/09/20/fashion/20Guru.html?hpw.

12 http://fengshui.happyhomezone.com/fengshui/.

13 http://fengshui-rockies.com. 사람들은 인생에서 어떻게 성공을 거두는가? 이 누리집에서 제시하는 조언은 다음과 같다. '먼저 괜찮은 나침판을 구하고 집의 남동쪽 끝에 무엇이 있는지 확인하라. 집의 남동쪽 부분은 당신의 자금 흐름뿐만 아니라 항상 돈을 벌 수 있게 될 거라는 당신의 믿음도 좌우한다. 풍수(사물의 배치로 삶에 좋은 기운을 늘려 주는 고대 기법)의 고전적·전통적 원리에 따르면, 이 부분에 두는 물건들은 부와 풍요의 기운들을 조절한다.'

14 Barry Schwartz, *The Paradox of Choice: Why More is Less* (Harper Perennial, New York, 2005)[『선택의 심리학: 선택하면 반드시 후회하는 이들의 심리 탐구』, 형선호 옮김, 웅진, 2005]. 최근 발간된 선택에 관한 또 다른 책으로는 Edward C. Rosenthal, *The Era of Choice: The Ability to Choose and Its Transformation of Contemporary Life* (MIT Press, Cambridge, MA, 2005)가 있다. 이 책은 정치적·경제적 범주에 초점을 맞춰 선택에 접근한다. 나는 개인이 사적인 삶에서 선택과 씨름하는 부분에 집중한다.

2   타인의 시선으로 하는 선택

1 Darian Leader, *Why Do Women Write More Letters Than They Post?* (Faber and Faber, London, 1997)[『여자에겐 보내지 않은 편지가 있다: 정

신분석학 남녀의 관계와 고독을 이야기하다』, 김종엽 옮김, 문학동네, 2010).

2 MTV에서 방영되었다.

3 iEnhance.com 참조.

4 미국에서는 부모가 아주 어릴 때부터 자녀에게 강박적으로 관여하는 것을 흔히 '타이거 우즈 신드롬'(Tiger Woods syndrome)이라 부른다. 자녀에게 조기 훈련을 시켜 미래의 스포츠 스타로 만들길 희망하는 고압적인 부모들은 자녀에게 가혹한 훈련 일정을 부과할 뿐만 아니라 대회에서 자녀가 기대보다 못하면 부부 싸움을 벌이는 경우도 잦다. http://www.msnbc.msn.com/id/4556244을 보라.

5 Bill Pennington, 'Expectations Lose to Reality of Sports Scholarships', *The New York Times* (10 March 2008).

6 http://www.drjimtaylor.com/blog/2008/08/the-dark-side-of-youth-sports-superstardom/

7 Jake Halpern, *Fame Junkies: The Hidden Truths behind America's Favorite Addiction* (Houghton Mifflin, New York, 2007).

8 같은 책, p. 98.

9 같은 책, p. 99.

10 같은 책, p. 152.

11 Robert Pfaller (ed.), *Interpassivität, Studien über delegiertes Genieβ en* (Springer, New York and Vienna, 2000).

12 Pat Wingert and Sarah Elkins, 'The Incredible Shrinking Bride: How the Pressure to Look Perfect on the Big Day is Leading Some Women to Extremes', *Newsweek* (26 February 2008)을 보라.

13 고지에 입각한 동의 이면에는 한 개인이 자기 건강에 대해 합리적으로 결정하고 싶어 한다는 관념이 자리하고 있다. 그러나 많은 연구에 따르면, 부인(denial)은 환자의 회복에서 매우 강력한 수단이 된다. 예컨대 이스라엘 심

장 전문의들은 심장마비 환자들 가운데 자신의 상태를 부인하는 집단과 반대로 잘 인지하고 있는 집단을 비교해 생존율 차이를 분석했다. 후자의 집단은 심장마비 증상이 나타난 이후 자신의 상태를 꼼꼼히 점검하고 주의하며 살았고, 반면에 자신의 상태를 부인하는 집단은 대개 마치 아무 일도 일어나지 않았던 것처럼 평소대로의 삶을 유지했다. [그 결과] 놀랍게도 심장마비 이후에도 건강에 신경을 그다지 쓰지 않은 사람들이 자기 상태를 끊임없이 확인하던 사람들보다 오래 살았다. 고지에 입각한 동의에 관한 분석은 다음을 보라. Atul Gawande, *Complications: A Surgeon's Notes on an Imperfect Science* (Profile Books, London, 2003).

14 Schwartz, *The Paradox of Choice: Why More is Less* (Harper Perennial, New York, 2005)을 보라.

15 암의 역사를 뒤돌아보면, 암 치료는 집단의 문제에서 개인의 문제로 변화했다고 할 수 있다. 예컨대 1970년대 미국 사회에는, 인간이 달에 갈 수 있게 된 뒤부터, 과학의 진보와 특히 암 치료 전망에 관한 특별한 낙관론이 출연했다. 소위 암과의 전쟁은 리처드 닉슨에 의해 시작되었다. 이 '전쟁' 이면에는 머지않아 과학이 암 치료제를 제공해 줄 것이라는 생각이 자리하고 있었다. 당시 암 근절은 국가적 사업과 관련되어 있었는데, 이후 개인주의가 강화되고 암과의 전쟁이 별 성과를 거두지 못하면서 질병은 훨씬 더 개인적인 문제가 되었다. 자기 치유 관념이 힘을 얻어 가면서 개인은 암 예방, 심지어는 암 진단을 받은 뒤 암을 극복하는 데 있어서도 전적인 책임을 지게 되었다. 다음 책을 보라. Siddhartha Mukherjee, *The Emperor of All Maladies: A Biography of Cancer* (Scribner, New York, 2010).

16 때때로 의학에서는 사람들이 질병을 앓고 있을 때 종교와 영성에서 위안을 구하려는 욕구를 인정한다. 동남아시아계 주민들이 많이 다니는 일부 캘리포니아 병원들에서는 특정 치유 의식을 거행하는 무당(shaman)의 방문을 허락하고 있다. 이런 관습을 지지한 의사들은 믿음이 사람들의 회복 능력에 다양한 형태로 영향을 미친다고 지적한다. 어떤 이들에게 무당의 힘에 대한 믿음이 효과를 발휘하는 것과 마찬가지로, 약의 힘에 대한 믿음이 동일한

효과를 발휘하는 이들도 있다. 예컨대 항우울제에 반응을 보이는 이들 가운데 절반 이상은 위약 효과 때문이다. 다음을 보라. Patricia Leigh Brown, 'A Doctor for Disease, a Shaman for the Soul', *The New York Times* (20 September 2009); http://www.nytimes.com/2009/09/20/us/20shaman.html?pagewanted=print.

17 Pierre Legendre, 'The Other Dimension of Law', *Cardozo Law Review*, vol. 16, no. 3-4 (1995), p. 943.

18 같은 책, p. 950.

19 특히 다음을 보라. Charles Melman, *L'homme sans gravité: Jouir à tout prix* (Gallimard, 2002) Paris, and Jean-Pierre Lebrun, *Un monde sans limite: essai pour une clinique psychanalytique du social* (Erès, Paris, 2001).

20 주이상스를 영어로 번역하면 '향락'(enjoyment)이다. 그러나 이 역어는 쾌락(pleasure)뿐만 아니라 불쾌(displeasure) 안에 있는 쾌락까지 포괄하는 프랑스 원어의 의미를 상실한다. ― 다시 말해, 어떤 고통 안에 있는 그것은 꼭 즐길 만한 것이라고는 할 수 없지만 그럼에도 불구하고 포기할 수 없는 것이다. 이런 복합적 의미 때문에 주이상스는 라캉주의 정신분석과 관련한 영문 텍스트에서는 보통 프랑스어 그대로 표기한다.

21 라캉은 1972년 5월 12일, 밀라노 대학에서 이루어진 강연에서 이 이론을 발전시켰다. 원문은 출간되지 않았다.

22 후기 자본주의에 대한 한 가지 비판에 따르면, 소비자는 가상(假象)의 자유만을 쫓는 가상의 대행자일 뿐이다. 현실에서 그/녀는 요구(demand)의 압력을 받는다. 이 요구는 주인 기표(Master Signifier)가 아니라 주이상스의 장소 ― '대상 a' ― 에서 기인한다.

23 Melman, L'homme sans gravite: jouir a tout prix.

24 Jacques-Alain Miller and Eric Laurent, 'The Other Who Does Not Exist and His Ethical Committees', *Almanac of Psychoanalysis*, 1 (1998),

pp. 15-35.

25 Dany-Robert Dufour, *The Art of Shrinking Heads*(Polity Press, Cambridge 2007), p. 44.

26 영국 문화에 관한 이 평가에 대해서는 헨리에타 무어(Henrietta Moore)에 게 빚졌다.

3 사랑을 선택할 수 있을까?

1 다음을 보라. Kathleen A. Bogle, *Hooking Up: Sex, Dating, and Relationships on Campus* (New York University Press, New York, 2008).

2 같은 책, p. 184.

3 Laura Sessions Stepp, *Unhooked: How Young Women Pursue Sex, Delay Love and Lose at Both* (Riverhead Books, New York, 2007). 연애 는 골치 아프고 시간을 잡아먹으며 실연을 겪는 경우도 흔하기 때문에 많은 젊은 여성들이 깊이 빠지지 않아도 되는 '즉석 만남'을 하기로 마음먹는다. 그러나 스텝이 이야기하듯이, 보통 여성이 치르는 정서적 대가는 꽤 크다. '애착 없는' 거래로 알려진 것과는 다르게 여성들이 '즉석 만남'으로 시작한 연애에 깊이 빠져드는 경우가 여전히 많기 때문이다.

4 여성들은 정서적 애착과 관련해 남성처럼 행동할 필요가 있고, 사랑과 섹스를 분리할 줄 알아야 한다는 관념은 1980년대와 그 이후에 출현한 여성 자기 계발 서들이 이미 조장한 바 있다. 새로운 유니섹스 감성 코드가 출현한 이래로 여 성이 다른 여성에게 정서에 대해 조언하는 글들에는 냉담한 기색이 역력하다. 이런 글들에서 정서적 유대를 바라보는 관점은 점점 더 사업적인 관점을 따르 고 있다. 정서는 투자의 문제 그리고 통제해야 하는 무엇이다. 이런 변화에 대 한 분석은 다음을 보라. Arlie Russell Hochschild, *The Commercialization*

of Intimate Life: Notes from Home and Work (University of California Press, Berkeley, CA, 2003).

5 Bogle, *Hooking Up*, p. 169.

6 물론 어떤 이들에게는 성매매 여성과의 관계가 성생활의 중요한 부분을 차지하기도 한다. 후기 산업자본주의의 성 노동자들을 연구한 엘리자베스 번스타인(Elizabeth Bernstein)은 '여자친구 대행'(girlfriend experience, GFE)과 같은 유형의 성매매의 출현과 더불어 오늘날 사회에 중요한 변화가 일어났다고 지적한다. 전통적인 성매매 여성과의 짧은 성적 만남에 의해 이루어지는 기존의 성매매와는 반대로, GFE 만남에서는 전희의 시간이 더 길고, 서로 이야기도 많이 하며, 성구매자가 성매매 여성에게 성적인 쾌락을 주겠다는 욕망을 갖고 있다. '이 남성들이 구매한 것은, (적어도 이상적으로는) 일정 기간 동안의 진정성 있는 성관계이다.' Elizabeth Bernstein, *Temporarily Yours: Intimacy, Authenticity, and the Commerce of Sex* (University of Chicago Press, Chicago, 2007), p. 127. 혹실드가 제시한 반대되는 사례를 보면, 상당한 돈을 걸고 안주인의 역할이나 여행 친구 역할을 해주고 때로는 안마도 해줄, 하지만 섹스 파트너는 결코 아닌 매력적인 여성을 구한다는 광고를 낸 부유한 남성이 등장한다. 혹실드는 오늘날 우리가 특정한 유형의 감정 아웃소싱을 경험하고 있다고 지적한다. '반세기 전이라면 우리는 자신과 가족을 위해 고급 주택과 자동차를 구입하고 즐거운 휴가를 계획하는 부유한 남성을 상상할 수 있었을 것이다. 그런데 이제는 화목한 가족을, 아니면 적어도 가정생활 체험과 같은 환상과 관련한 서비스를 구매하는 남성을 떠올려야 한다.' Arlie Russell Hochschild, *The Commercialization of Intimate Life*, p. 31을 보라. GFE 사례와 성관계를 맺지 않는 동반자를 구하는 사례 모두 돈을 지불하는 남성이 품는 특정한 환상을 보여 준다. GFE를 구매하는 남성이 상대방(성매매 여성)도 즐긴다는 환상을 만들어 낸다면, 성관계를 맺지 않는 동반자를 구매하는 남성은 완벽하고 조화로운 관계에 대한 환상을 만들어 낸다. (자신도, 그리고 상대방 여성의 입장에서도) 감정에 얽매이지 않는 관계가 그것이다. 두 남성 모두 유사한 방식으로, 돈의 힘을 빌려 거리를 둘 수 있는 완벽한 파트너라는 환상을

품고 있다. 이 남성들이 타인과의 만남에서 흔히 생기는 성가신 문제들을 피할 수 있는 이유는 그 여성들이 돈을 받고 매우 특정하고 구체적인 역할을 수행해 주기 때문이다. 이런 남성들은 자신의 환상 속에서 타인의 욕망을 자기 식대로 만들어 내는 것만으로도 충분하다. 이를 통해 그들은 욕망하는 타인과 실제로 만날 때 흔히 생기는 의외의 사건들과 불편함으로부터 스스로를 보호하려는 것이다.

7 이런 이데올로기와 사랑은 자기애에 기초해야 한다는 오늘날의 관념은 서로 관련되어 있다.

8 Eva Illouz, *Cold Intimacies: The Making of Emotional Capitalism* (Polity Press, Cambridge, 2007), p. 88[『감정 자본주의: 자본은 감정을 어떻게 활용하는가』, 김정아 옮김, 돌베개, 2010].

9 마치 거대한 쇼핑센터 같은 데이트 사이트에서 짝을 지을 수 있는 후보들을 끝없이 선택할 수 있다 하더라도, 사람들은 항상 자신의 선택 가능성을 제한하는 새로운 방식을 찾고 있다. 가령 인도의 일부 데이트 사이트들에서는 자신의 선택을 제한하기 위해 사람들은 계급, 카스트, 그리고 여타의 요건들을 자세히 살핀다. 이런 경우 사람들 — 보통은 잠재적인 파트너의 부모들 — 은 후보에 오른 사람들 사이에서 자신이 좋아하는 특정 조건을 찾을 때, 과거의 이상형에 의존한다.

10 Illouz, *Cold Intimacies*, p. 98.

11 의사소통이 증가하는 시대에 들어서면서 타인을 평가하는 방식도 달라졌다. 예컨대 혹실드는 현대사회에서 목격할 수 있는 새로운 유형의 감정 노동을 이야기한다. 이런 감정 노동의 변화는 다음과 같은 사실과 관련되어 있다. '현대적 삶의 대부분이 생판 모르는 사람들 사이의 교환으로 이루어져 있는데, 이들은 대안은 부재하고 단기적인 자기 이익을 추구해야 하는 조건 속에서 거의 항상 신뢰와 선의보다는 의심과 분노에 따라 행동하게 된다.'[『감정노동』, 이가람 옮김, 이매진, 2009, 235쪽] Arlie Russell Hochschild, *The Managed Heart: Commercialization of Human Feeling* (University of California

Press, Berkeley, CA, 2003).

12 오늘날에는 온갖 경우, 이를테면 연인, 친구, 혹은 신랑 들러리가 필요할 때 임시로 그 역할을 맡아 줄 파트너를 알선해 주는 새로운 유형의 중개인들도 있다. 일본의 한 업체는 그런 임시 파트너를 제공하기 시작했고, 수요가 계속 늘어 가고 있음을 확인했다. 이 업체는 공적 행사에 참여해 파트너 행세를 해 줄 남성을 구한다는 여성들의 요청 외에도, 남편에게 질투를 유발해 외도를 막을 요량으로 남편과의 데이트에 나타나 농을 걸어 줄 남성이 필요하다는 요구도 받았다. 다음을 보라. Justin McCurry, 'Lonely Japanese Find Solace in "Rent a Friend" Agency,' *The Guardian*(20 September 2009), http://www.guardian.co.uk/world/2009/sep/20/japan-relatives-professio nal-stand-ins.

13 얼마 전 일본에서는 독신자를 돕는 기술이 나왔다. 독신자들은 특수 기기에 다가 자신의 관심사(interests)를 기록해 놓고, 같은 기기에 비슷한 관심사 를 기록해 놓은 다른 독신자를 만나면 기기에서 소리가 난다. 이런 기기의 계발 이면에는 사람들이 관심사가 비슷한 사람을 만나고 싶어 한다는 생각 이 있다. 그러나 현실에서 사람들을 이어 주는 것은 이성적으로 표현된 관 심사가 아니다.

14 다음을 보라. Renata Salecl, *(Per)versions of Love and Hate* (Verso, London, 1998)[『사랑과 증오의 도착들』, 이성민 옮김, 도서출판 비, 2003].

15 같은 책, p. 251.

16 이 주제는 존 그레이의 누리집에서 논의되었다. 다음을 보라. http://www.marsvenus.com.

17 Lebrun, *Un monde sans limite*, p. 250.

4 아이, 가질 것인가, 말 것인가?

1 상세한 내용은 다음을 보라. Renata Salecl, *The Spoils of Freedom: Psychoanalysis and Feminism after the Fall of Socialism*, (Routledge, London, 1994).

2 Rickie Solinger, *Pregnancy and Power: A Short History of Reproductive Politics in America* (New York University Press, New York, 2005), p. 198.

3 Rickie Solinger, *Beggars and Choosers: How the Politics of Choice Shapes Adoption, Abortion, and Welfare in the United States* (Hill and Wang, New York, 2001).

4 미국의 인종과 낙태에 관한 상세한 분석은 다음을 보라. Loretta J. Ross, 'African-American Women and Abortion,' in Rickie Solinger, *Abortion Wars: A Half Century of Struggle, 1950-2000*(University of California Press, Berkeley, CA, 1998), p. 161-20. 여성들은 현재 출산과 관련한 매우 불완전한 선택권과는 반대되는 '완전한 선택권'을 위해 투쟁해야 한다고 로스는 제안한다. '완전한 선택권은 낙태 시술을 받을 수 있는 권리뿐만 아니라 산전 건강관리, 양질의 성교육, 피임 기구, 모자에 대한 의료 서비스, 주택, 그리고 보건 의료 전달 체계의 개선에 대한 권리를 포함해야 한다'(p. 200).

5 Ross, 'African-American Women and Abortion,' p. 193.

6 Alex Kuczynski, 'Her Body, My Baby', *New York Times Magazine* (28 November 2008).

7 사귈 수 없는 남성을 중심으로 환상을 품는 일에서 쾌락을 구하는 또 다른 예는 사형선고를 받고 집행을 기다리는 남성과 사랑에 빠진 여성의 경우다.

1 미니어 몰도비아누와 니틴 노리아는 결정이란 행위를 끔찍한 시련이라고 본다. 왜냐하면 '결정들 내에서 가능한 것은 우리가 그것을 무시하기에는 현실에서 너무 가시적이기 때문이다.' 다음을 보라. Mihnea Moldoveanu and Nitin Nohria, *Master Passions: Emotion, Narrative, and the Development of Culture* (MIT Press, Cambridge, MA, 2002), p. 48, 49.

2 다음의 연구를 보라. Daniel Kahneman, Paul Slovic and Amos Tversky (eds.) *Judgement under Uncertainty: Heuristics and Biases* (Cambridge University Press, Cambridge, 1982).

3 Peter D. Kramer, *Should You Leave?: A Psychiatrist Explores Intimacy and Autonomy - and the Nature of Advice* (Penguin, New York, 1999).

4 William Styron, *Sophie's Choice* (Jonathan Cape, London, 1979), p. 642[한정아 옮김, 민음사, 2008]. 이 소설에 대한 페미니즘적 분석은 다음을 보라. Rhoda Sirlin, *William Styron's Sophie's Choice: Crime and Self-Punishment* (UMI Research Press, Ann Arbor, MI, 1990). 설린은 소피가 아버지부터 수용소 관리들, 이후의 연인들에 이르기까지 남성들과 맺은 문제 많은, 대부분 복종적이었던, 관계를 분석한다. 또한 소피가 내린 선택의 젠더적 특성을 살펴보고, 이브(Eve)[소피의 딸]의 희생이, 성경 창세기의 이브가 에덴동산에서 추방당하는 것과 기이하게도 닮았다고 지적한다. '소피는 경험으로 알고 있었다. 삶은 얀(Jan)[소피의 아들]보다는 이브를 비롯한 모든 여성들에게 더 고된 것이라는 것을. 불행히도 자식을 희생시킨 그녀의 행동은 자기혐오를 낳았다. 그 혐오는 그녀를 억압한 이들을 향했어야 마땅하지만 말이다.' p. 33.

5 Styron, *Sophie's Choice*, p. 646, 647[『소피의 선택 2』, 한정아 옮김, 민음사, 2008, 429-30쪽].

6 루크 라인하트(Luke Rhinehart)는 소설 『주사위 인간』(*The Dice Man*)

(Overlook Press, New York, 1998)에서 선택이란 관념을 가지고 또 다른 잔혹한 시나리오를 전개한다. 소설의 주인공은 삶에서 내려야 하는 모든 선택을 주사위로 결정하기로 마음먹는다. 자신과 주변 사람들에게 어떤 결과가 생기는지는 중요하지 않다. 이 의식은 완벽한 혼란을 유발하면서 끝을 맺는데, 우연이 터무니없는 새로운 규칙이 되어 버린, 일종의 환각적인 세계가 등장하는 것이다.

7 Sigmund Freud, 'My view of the part played by Sexuality in the Etiology of Neuroses', *The Standard Edition of the Complete Psychological Works of Sigmund Freud*, vol. VII (Hogarth Press, London, 1953), p. 275.

8 '신경증 선택'에 대한 더 자세한 내용은 다음을 보라. Colette Soler, 'Hysteria and Obsession', in Richard Feldstein, Bruce Fink and Maire Jaanus (ed.), *Reading Seminars I and II: Lacan's Return to Freud* (SUNY Press, Albany, NY, 1996).

9 Jacques Lacan, *The Four Fundamental Concepts of Psychoanalysis*, trans. A. Sheridan, ed. J.-A. Miller (W.W. Norton and Co., New York, 1981), p. 211[『자크 라캉 세미나 11: 정신분석의 네 가지 근본 개념』, 맹정현·이수련 옮김, 새물결, 319쪽].

10 다음을 보라. Mladen Dolar, 'Beyond Interpellation', *Qui Parle*, vol. 6, no. 2, (Spring-Summer 1993), pp. 88-9.

11 다음을 보라. Lebrun, *Un monde sans limite*, p. 250. 다음도 보라. Melman, *L'homme sans gravite*.

12 같은 책.

1 Sigmund Freud, 'Draft K: The Neuroses of Defence', in 'Extracts from the Fliess Papers,' in *The Standard Edition of the Complete Psychological Works of Sigmund Freud*, vol. 1, (Hogarth Press, London, 1958), p. 224.

2 Joan Copjec, *Imagine there is no Woman: Ethic and Sublimation* (Cambridge, Mass: MIT Press, 2004), p. 128.

3 *The Times* (16 June 2008); http://www.timesonlines.co.uk/tol/news/politics/article4144470.ece.

4 http://articles.moneycentral.msn.com/SavingandDebt/LearnToBudget/SurvivingAndThrivingOn12000AYear.aspx.

5 http://byebyebuy.blogspot.com/2006/12/preparing-for-year-of-not-spending.html.

6 Judith Levine, *Not Buying it: My Year without Shopping* (Free Press, New York, 2006)[『굿바이 쇼핑: 아무것도 사지 않은 1년 그 생생한 기록』, 곽미경 옮김, 좋은생각, 2010].

7 http://articles.moneycentral.msn.com/SavingandDebt/LearnToBudget/LivingPoorAnd.

8 'Blog the Debt Away', *The New York Times* (5 March 2007); http://www.nytimes.com/2007/03/05/opinion/05mon4.html.

참고문헌

Benjamin, Walter, 'Capitalism as Religion,' in Walter Benjamin, *Selected Writings: 1913-1926*, vol. I, ed. Marcus Bullock and Michael W. Jennings(Belknap Press, London,1996)

Bernstein, Elizabeth, *Temporarily Yours: Intimacy, Authenticity, and the Commerce of Sex*(University of Chicago Press, Chicago, 2007)

Bogle, Kathleen A., *Hooking Up: Sex, Dating, and Relationships on Campus*(New York University Press, New York, 2008)

Deutsch, Helen, 'Some Forms of Emotional Disturbances and Their Relationship to Schizophrenia', in *Neuroses and Character Types: Clinical Psychoanalytic Studies*(International Universities Press, Madison, CT, 1965)

Dufour, Dany-Robert, *The Art of Shrinking Heads*(Polity Press, Cambridge, 2007)

Easterbrook, Greg, *The Progress Paradox: How Life Gets Better While People Feel Worse*(Random House, New York, 2004)

Emerson, Ralph Waldo, *The Conduct of Life*(Houghton, Mifflin & Co., Boston, MA, 1904)

Ferguson, Will, *Happiness^{TM}: A Novel*(Harper Perennial, New York, 2003)[『해피니스 1, 2』, 김정수 옮김, 초당, 2005]

Freud, Sigmund, *The Disposition to Obsessional Neurosis: A Contribution to the Problem of Choice of Neurosis*, vol. XII of *The Standard Edition of the Complete Psychological Works of Sigmund Freud*, trans. and ed. James Strachey(Hogarth Press, London, 1958)

_____, *Sexuality and the Psychology of Love*(Macmillan, New York, 1963)

Gawain, Shakti, *Living in the Light: A Guide to Personal and Planetary Transformation*(New World Library, New York, 1998)[『나는 날마다 좋아지고

있다』, 이현주 옮김, 나무심는사람, 2004]

Gawande, Atul, *Complications: A Surgeon's Notes on an Imperfect Science,*(Profile Books, London, 2003) Gilbert, Daniel, *Stumbling on Happiness(*Alfred A. Knopf, New York, 2006)[『나는 고백한다 현대의학을: 불완전한 과학에 대한 한 외과의사의 노트』, 김미화 옮김, 동녘사이언스, 2003]

Gladwell, Malcolm, *The TippingPoint: How Little Things Can Make a Big Difference*(Back Bay Books, New York, 2002)[『작은 아이디어를 빅트렌드로 만드는 티핑포인트』, 임옥희 옮김, 21세기북스, 2004]

_____, *Blink: The Power of Thinking without Thinking(*Little, Brown & Co., New York, 2005)[『블링크: 첫 2초의 힘』, 이무열 옮김, 21세기북스, 2005]

Gleick, James, *Faster(*Abacus, New York, 2001)

Halpern, Jake, *Fame Junkies: The Hidden Truths behind America's Favorite Addiction*(Houghton Mifflin, New York, 2007)

Harley, Willard F., *His Needs, Her Needs: Building an Affair-Proof Marriage* (Revell, Ada, MI, 2001)[『베스트 부부』, 김희선 옮김, 나침반사, 1998]

Illouz, Eva, *Cold Intimacies: The Making of Emotional Capitalism(*Polity Press, Cambridge, 2007)[『감정 자본주의: 자본은 감정을 어떻게 활용하는가』, 김정아 옮김, 돌베개, 2010]

Jackson, Abraham, *The Pious Prentice*(Amsterdam, 16040; repr. Walter J. Johnson, Amsterdam, 1975)

Kapuściński, Ryszard, *Shah of Shahs*(Penguin, London, 2006)

Lacan, Jacques, *Ecrits: A Selection*, trans. Alan Sheridan(W.W. Norton, New York, 1977).

Laclau, Ernesto, *Emancipations*(Verso, London,1996)

Leader, Darian, *Why Do Women Write More Letters Than They Post?(*Faber and Faber, London, 1997)[『여자에겐 보내지 않은 편지가 있다: 정신분석학 남녀의 관계와 고독을 이야기하다』, 김종엽 옮김, 문학동네, 2010]

Lebrun, Jeanne-Pierre, *Un monde sans limite: essai pour une clinique psycho-analytique du social(*Erès, Paris1997)

Legendre, Pierre, 'The Other Dimension of Law', *Cardozo Law Review*, vol. 16, no. 3-4(1995)

McGee, Mick, *Self-Help, Inc.: Makeover Culture in American Life*(Oxford University

Press, Oxford, 2005) 165[『자기 계발의 덫』, 김상화 옮김, 모요사, 2011]

Melman, Charles, 'L'homme sans gravité: jouir à tout prix(Gallimard, Paris, 2005)

Miller, Jacques-Alain, and Laurent, Eric, 'The Other Who Does not Exist and His Ethical Committees', *Almanac of Psychoanalysis*, no. 1(1998)

Millot, Catherine, *Horsexe: Essays on Transsexuality*, trans. Kenneth Hilton (Autonomedia, New York, 1989)

Niesslein, Jennifer, *Practically Perfect in Every Way*(Putnam Adult, New York, 2007)

Phaller, Robert,(ed.), *Interpassivität*, Studien über delegiertes Genießen (Springer, New York and Vienna, 2000)

Rosenthal, Edward C., *The Era of Choice: The Ability to Choose and Its Transformation of Contemporary Life*(MIT Press, Cambridge, MA, 2005).

Ross, Loretta J., 'African-American Women and Abortion', in Rickie Solinger, *Abortion Wars: A Half Century of Struggle, 1950-2000*(University of California Press, Berkeley, CA, 1998)

Russell Hochschild, Arlie, *The Commercialization of Intimate Life: Notes from Home and Work*(University of California Press, Berkeley, CA, 2003)

_____, *The Managed Heart: Commercialization of Human Feeling*(University of California Press, Berkeley, CA, 2003)[『감정노동: 노동은 우리의 감정을 어떻게 상품으로 만드는가』, 이가람 옮김, 이매진, 2009]

Salecl, Renata, *The Spoils of Freedom: Psychoanalysis and Feminism after the Fall of Socialism*(Routledge, London, 1994)

_____, *(Per)versions of Love and Hate*(Verso, London, 1998)[『사랑과 증오의 도착들』, 이성민 옮김, 도서출판 비, 2003]

Schwartz, Barry, *The Paradox of Choice: Why More Is Less*(Harper Perennial, New York, 2005)[『선택의 심리학: 선택하면 반드시 후회하는 이들의 심리 탐구』, 형선호 옮김, 웅진지식하우스, 2005]

Sennett, Richard, *The Culture of the New Capitalism*(Yale University Press, New Haven, CT, 2007)[『뉴캐피털리즘: 표류하는 개인과 소멸하는 열정』, 유병선 옮김, 위즈덤하우스, 2009]

Sessions Stepp, Laura, *Unhooked: How Young Women Pursue Sex, Delay Love and Lose at Both*(Riverhead Books, New York, 2007)

Solinger, Rickie, *Beggars and Choosers: How the Politics of Choice Shapes*

Adoption, Abortion, and Welfare in the United States(Hill and Wang, New York, 2001)

_____, Pregnancy and Power: A Short History of Reproductive Politics in America(NYU Press, New York University Press, New York, 2005)

Stavrakakis, Jannis, Lacan and the Political(Routledge, London, 1999)[『라캉과 정치』, 이병주 옮김, 은행나무, 2006]

Styron, William, Sophie's Choice(Random House, New York, 1979)[『소피의 선택 1, 2』, 한정아 옮김, 민음사, 2008]

Tort, Michel, La fin du dogme paternel(Flammarion, Paris, 2005)

Wingert, Pat, and Elkins, Sarah, 'The Incredible Shrinking Bride: How the Pressure to Look Perfect on the Big Day is Leading Some Women to Extremes', Newsweek(26 February 2008)

Wright, Louis B., Middle-Class Culture in Elizabethan England(University of North Carolina Press, Chapel Hill, NC, 1935)

Wyllie, Irvin Gordon, 'The Cult of the Self-Made Man in America(1830-1910), unpublished diss., Wisconsin, 1949

찾아보기